넥스트 밸류업

일러두기
- 출처를 따로 명기하지 않은 표나 그림의 경우 저자가 직접 여러 자료를 정리해 만든 것이다.
- 저자의 요청에 따라 뉘앙스나 의미를 잘 살리기 어려운 일부 단어의 경우 한국말로 옮기지 않고 영어 단어의 한국어 표기를 사용해 게재했다.

대한민국 경제의 체질을 바꿔라
ESG로 여는 코스피 5000시대

넥스트 밸류업
한국 증시 퀀텀업 전략

신지윤 지음

메디치

프롤로그

왜 지금 한국 증시인가?

국내 증시에 투자하는 개인이 1,400만 명을 넘어섰다. 국민 네 명 중 한 명은 주식을 한다는 뜻이다. 2020년 팬데믹 시기, 전 세계적으로 막대한 유동성이 풀리면서 주가가 급등하자 개인들이 대거 증시에 뛰어들었다. '동학개미'라는 말이 유행어가 된 것도 이 무렵이다. 한국 증시에서 늘 기관과 외국인에게 밀려 제대로 대접받지 못했다는 억울함이 담긴 말이었다. 그러나 그 열기는 오래가지 못했다. 성과가 좋은 해외 증시로 발길을 돌리는 '서학개미'가 늘어났고, '국장 탈출은 지능 순'이란 조롱까지 따라붙었다. 한국 증시는 깊은 패배감을 안은 채 몇 해를 보냈다.

그런데 2025년, 한국 증시가 기적 같은 반전을 써 내려가고 있다. 9월까지 코스피가 연초 대비 40% 넘게 오르며 세계 주요 증시 중 수익률 1위를 기록한 것이다. 단순히 글로벌 훈풍에 편승한 결과는 아니다. "한국 증시가 안 되는 이유를 하나씩 고쳐내겠다."는 새 정부의 의지와 실행력이 동력으로 작용했다. 덕분에 동학개미의 억울함이 어느 정도는 해소되었지만, 여전히 갈 길은 멀다. '코스피 5,000포인트', '코리아 프리미엄 시대', '생산적 금융으로의 전환' 같은 단어들이 새 정부 국정과제에 포함된 이유다.

주가가 저평가인지 고평가인지를 가늠할 때 흔히 PBR(주당순자산 대비 주가배수)과 PER(주당순이익 대비 주가배수)을 본다. 다만 기업 1:1 비교가 아니라 증시 전반을 평가할 때는 PBR이 더 일반적으로 쓰인다. PER 잣대를 들이대기에 삼성전자처럼 덩치 큰 기업의 이익 변동성이 워낙 크기 때문이다. 예컨대 2023년 말 코스피 PER*은 19.36배였는데, 2025년 9월 중순에는 15.91배로 하락했다. 증시가 오른 상황임에도 PER은 오히려 낮아졌다. 분자인 시가총액은 주가 상승으로 늘었지만, 분모인 이익이 삼성전자의 이익 급감으로 더 크게 줄었기 때문이다. 반면 코스피 PBR은 2023년 말 0.96배에서 2025년 9월 1.15배로 올라 역사적 최고 수준에 도달했다. 이제는 "PBR 1배 이하면 청산하는 편이 낫다"라는 굴욕적인 평가에서는 벗어났다.

그렇다고 글로벌 대비 PBR이 낮다고 해서 곧바로 저평가라 말할 수는 없다. PBR은 단순한 숫자가 아니라 ROE(자기자본이익률)와 COE(자기자본비용)라는 근본적 요인과 맞물려 있기 때문이다. PBR은 ROE와 정(正)의 상관관계를 보인다. 반대로 COE는 주주들이 자기자본 투자에 대해 기대하는 수익률, 즉 주식투자에서 감수하는 위험에 대한 보상이다. 기업은

- 이 경우는 Trailing PER로 최근 1년간의 실제 실적을 기준으로 계산한다. Forward PER과 달리 예상이익이 아니라 확정이익이 분모로 들어간다.

ROE를 높이고 COE를 낮추는 경영을 해야 하고, 투자자는 이런 기업을 찾아야 한다. 이는 일상적인 투자 원리와도 같다. 사람들이 투자를 위해 자본을 마련할 때, 그 자본을 빌려오는 비용보다 투자로 얻는 수익이 더 높아야 투자할 가치가 있다. ROE가 COE보다 낮은 투자 대상은 시장에서 할인되어 거래되기 마련이며, 따라서 PBR 1배 이하의 값이 매겨진다.

문제는 한국 증시가 구조적으로 낮은 ROE를 보여왔다는 점이다. 역사적으로 ROE가 COE를 밑돈 시기가 많았다. 특히 글로벌 금융위기 직후 잠시 이어졌던 '차화정' 사이클(자동차·화학·정유 업종 주도의 상승장)을 제외하면, 지난 15년간 ROE가 COE보다 높은 기간은 거의 없었다. 따라서 한국 증시의 PBR이 낮은 것은 단순한 '팩트'지만, 그것이 곧 저평가라는 의미로 연결되지는 않는다. 글로벌 증시와 단순 비교하여 PBR만 낮다고 해서 저평가라고 보기는 어려운 이유가 여기에 있다.

그렇다면 정부의 과제는 분명하다. 한국 증시의 저평가 원인을 찾아내고, 이를 구조적으로 해소하는 일이다. 이 문제의식에서 2024년 윤석열 정부에서 '밸류업 프로그램'이 등장했고, 이재명 정부는 출범하자마자 2025년 6월 '이사의 충실의무를 주주에게까지 확대'하는 내용으로 상법을 개정했다. 여기서 중요한 시사점을 찾을 수 있다. 밸류업 프로그램은 주주환원과 배당 확대를 통해 ROE와 PBR 상승을 유도하는 데 목적을 두었고, 그 효과는 '그럭저럭 괜찮은 수준'이다. 반면 상법 개정은 기업 지배구조 개혁을 골자로 했는데, 증시에 미친 효과는 훨씬 크게 나타나고 있다.

이유는 명확하다. 주주환원 확대가 지배구조 개선으로 곧장 이어지는 것은 아니지만, 지배구조가 개선되면 주주환원은 자연스럽게 늘어난다. 즉, 지배구조 개혁이 주주환원보다 더 근본적인 신뢰 회복의 출발점이라는 사실이 드러난 것이다. 일반주주가 느끼던 억울함이 줄어들면 주가가 오르는 반응은 당연하다. 이는 일종의 '코리아 디스카운트' 축소 현상이다. 이제 남은 과제는 분명하다. 한국 기업들은 투자자의 눈높이에 맞게 지배구조 개선을 착실히 이행하고, 동시에 ROE를 끌어올리고 COE를 낮추는 경영 전략을 구체적으로 실행해야 한다.

주식시장의 이야기를 먼저 꺼냈지만, 이 책은 주가 전망이나 투자 기법을 다루지 않는다. 그보다는 대한민국이 마주할 새로운 위기와 기회에 초점을 맞춘다. 주식시장의 반등은 시작일 뿐이다. 경제구조를 어떻게 바꾸고, ESG라는 창(窓)을 통해 어떤 전략으로 대응할 것인지가 핵심 질문이다. ESG는 단순한 마케팅 도구가 아니다. 실제로 기업의 ROE를 높이고 COE를 낮춰 주가를 끌어올릴 수 있는 실질적 해법이다. 나아가 국정운영 차원에서도 ESG는 중요한 역할을 할 수 있다. E(환경)의 기후변화 대응, S(사회)의 정보보호와 노동자 권익 보장, G(지배구조)의 선진화는 ESG의 핵심의제이자 실용주의 정부의 소명이기도 하다.

새 정부가 내세운 '생산적 금융'도 같은 맥락이다. 한국 가계자산은 여전히 부동산에 지나치게 쏠려 있다. 2024년 말 기준 한국 주택의 시가총액은 7,158조 원에 달한다. 이는 GDP(2,557조 원)의 2.8배이며, 코스피와 코스닥의 시가총액 합산(3,315조 원, 2025년 9월 기준)의 2.2배에 해당한다. 이러한 자산 불균형을 해소하고, 첨단산업·벤처·소상공인 같은 생산적 영역으로 자금을 전환해야 한다. 특히 기후위기 대응과 직결된 '기후금융'과 '기후테크'는 국가적 생존 과제다.

이 책은 코스피 5,000포인트에서 출발하여 전력·기후 문제, 기후금융과 투자, ESG 밸류업과 지배구조 개혁으로 이어지는 흐름을 갖고 있다. 겉보기에는 서로 다른 이슈처럼 보일 수 있으나, 결국 하나의 질문으로 귀결된다. "대한민국은 어떻게 위기를 기회로 바꾸어 지속가능한 밸류업을 이룰 것인가?"

1990년대 말 IMF 시기, '한국 자본시장에 기여하겠다'는 초심으로 증권사 문을 두드리고 수십 년이 지났다. 여의도에서 오랜 세월을 보내며 그 다짐은 어느덧 희미해졌지만, 다시 펜을 든 이유는 그 마음을 되살리고 싶었기 때문이다. 또한 전력산업 애널리스트로서 체득한 기후위기의 심각성, 미래 세대를 위한 최소한의 책임감이 이 책을 집필하게 된 동력이었다.

끝으로, 집필과 출간 과정에서 큰 힘이 되어주신 분들께 깊이 감사드린다. 복잡한 원고를 매끄럽게 다듬어주신 편집진, ESG라는 어려운 주제에 영감을 준 동료들, 그리고 언제나 곁에서 응원해준 가족에게 이 책을 바친다.

마포에서 신지윤

차례

프롤로그 왜 지금 한국 증시인가?   4

1장   코스피 5000 목표, 구조를 고치자   13
    이재명 정부, '주가' 아닌 '구조'를 겨누다   14
    긴 침체의 터널, 시름 깊었던 한국 증시   15
    초대받지 않은 손님이 되다   19
    저평가의 덫, 자금조달 기능이 마비된 시장   20
    '유망 벤처'의 탈한국, 시장 신뢰의 균열   23
    무너지는 자본시장 신뢰, 흔들리는 '한국인의 부'   24
    부동산 편중, 부의 구조적 불균형   27
    퇴직연금, '후불 임금'에서 '투자 자산'으로   28
    이제는 시스템을 바꿀 때: 밸류업 2.0의 시작   31

2장   킬로와트의 정치경제, AI 시대 한국전력 리스크   35
    AI는 비싸다   36
    AI 전성시대, 전력 전쟁이 시작됐다   38
    AI가 되살린 SMR, 에너지 패러다임의 반전   39
    의문의 1패: 송전망 문제   42
    전력 문제로 드러난 한국의 시스템 문제 해결 능력   44
    더 많은 송전망보다, 더 똑똑한 발전 구조로   49
    수요를 분산하라: 자급률이 만든 새로운 균형   51
    피크 수요를 낮추는 해법과 ESS의 귀환   56
    산업화 시대의 틀에 갇힌 한국의 전력산업   60

AI가 만든 반전의 기회	63
한전 문제의 속사정: 공공기업 거버넌스와 책임	64
'Sell KEPCO'는 곧 'Sell Korea'다	70

3장　한국 기후정책의 맹점: 전력　　73

기후위기, 우리는 준비하지 못했다	74
다보스가 경고한 '기후의 경제학'	77
기후변화 대응의 핵심은 전기의 재설계다	78
한국 탄소 감축의 출발점도 결국 전력	80
RE100, 가장 힘든 시험대에 선 한국	82
삼성전자와 SK하이닉스는 어떻게 RE100을 달성할까?	85
탄소가 관세가 되다: CBAM이 만든 무역장벽	87
CCA, 미국식 탄소 경쟁의 시작	88
탄소배출 집약도, 한국의 느린 전환	94
전기 생산의 탈탄소화 과제	95
G20 꼴찌의 재생에너지 비중, 산업 강국의 역설	97
석탄의 그림자: 과거 정책이 만든 현재진행형 위기	99

4장　기후금융과 기후테크의 스타트라인　　103

기후변화 삼중고	104
이제야 출발선에 선 한국의 기후금융	105
모험자본이 불붙여야 할 민간 기후금융의 불씨	107
'넷제로'의 비용, 현실을 직시해야 할 때	110
재생에너지 PF, 기후금융의 첫 시험대	111
기후테크, 기술을 넘어 비즈니스로	114
한국은행의 경고, '기후기술 투자'가 멈췄다	119
기후테크 투자, 세계의 속도를 따라가지 못하다	120
미중이 선점한 기후테크 유니콘 기업들	122
한국 기후테크의 현주소: 수소와 CCUS	125
CCS, 포집보다 더 어려운 건 저장이다	127

	기후테크와 탄소시장, 함께 살아야 한다	129
	기후금융 없이는 코스피 5,000도 없다	133
	다음 유니콘은 '기후테크'에서 나온다	135

5장 주주권 강화에서 코리아 프리미엄까지 — 137

'Who Cares Wins', ESG의 시작과 투자 철학의 전환 — 138
ESG와 주주자본주의, 충돌인가 진화인가 — 139
가치투자와 ESG, 펀더멘털이 만난 지속가능성 — 142
ESG 투자, 이해관계자 자본주의를 넘어 — 143
ESG vs. 책임투자, 닮은 듯 다른 투자 철학 — 145
ESG 투자, 지속가능한 밸류업으로 진화해야 — 148
상법 개정이 여는 '거버넌스 밸류업'의 시대 — 150

6장 국민연금, 시장의 우군: 퀀텀업의 지속가능한 동력 — 153

'아시아 8등'의 벽, 한국 기업지배구조의 현실 — 154
캘퍼스의 주주행동, 기업을 바꾼 실험실 — 156
국민연금의 각성, 캘퍼스 효과를 본받다 — 157
스튜어드십 코드, 선언을 넘어 실행으로 — 158
ESG 투자, 글로벌 3위 연금의 그림자 — 165
한·일 연기금 경쟁, 일본 GPIF가 앞서가는 이유 — 167
아시아의 주주행동주의, 한국도 변하고 있다 — 171
'코리아 프리미엄'을 향해, 기관의 목소리를 키워라 — 173
ESG 실행의 공백, 정부와 시장의 공조가 답이다 — 174

7장 트럼프 2.0, 정책 리스크의 귀환과 ESG의 재정렬 — 177

ESG, 속도는 늦췄지만 진화 중인 시장 — 178
지속가능금융, 글로벌 자본의 새 표준이 되다 — 181
트럼프 시대의 역풍, 침묵의 ESG '그린허싱' — 182
에너지 이중주: 석유도, 태양광도 늘린 미국식 실용주의 — 185
텍사스의 태양광과 미국식 실리 추구 — 186

ESG의 본고장 유럽, '옴니버스 패키지'가 남긴 충격　189
속도보다 실용, EU가 택한 새로운 균형점　192
한국, ESG의 변곡점을 놓치지 말아야 할 이유　194

8장　정책·시장·거버넌스, 이재명 경제의 삼각 프레임　197

앞으로 5년, 기후 대응 속도가 승부를 가른다　198
두 정부의 흔적, 에너지 전환 정책의 교훈　200
실용주의 정부, 기후정책의 시험대에 서다　203
NDC·배출권·기후공시, 3대 과제의 현실성과 해법　204
기후 리더십은 실행에서 완성된다　208
이재명 정부 국정 청사진 속 기후·에너지의 방향 읽기　209
기업과 투자자, 기후 리스크 시대의 생존전략　210
'죽음의 자리로 가는 노동': 산업현장의 냉혹한 현실　213
중대재해 제로를 향해, ESG까지 총동원하다　215
반도체 초강국의 딜레마: 주 52시간 노동시간 논쟁　216
노동시간 단축, 유연함과 지속가능성의 균형 찾기　218
변곡점의 한국 기업지배구조, 신뢰 회복의 첫걸음　219
분노한 주주들, 기업 거버넌스 혁신을 요구하다　221
거버넌스 개혁, 한국 증시 재평가의 시작　224

9장　코리아 프리미엄을 향해, 다음 사이클의 투자문법　229

글로벌 자본이 주목한 한국 ESG 공시의 가능성　230
ESG 선순환이 열어갈 밸류업 2.0 시대　232
밸류업 2.0, 투자자·기업·정부의 공동 설계도　235
투자의 첫 원칙, '정부와 맞서지 말라'는 메시지　238
단순하지만 통한다, 시장을 움직이는 네 가지 전략　241

에필로그　우리는 왜, 무엇을, 어떻게 바꾸는가?　244

1장 코스피 5000 목표, 구조를 고치자

이재명 정부, '주가' 아닌 '구조'를 겨누다

2025년 6월 출범한 이재명 정부는 국정 목표 중 주식시장과 관련해 코스피 5,000포인트 달성, 부동산에서 주식시장으로 자금 이동 등을 제시했다. 이미 많이 늦었지만 정부가 꼭 해야 할 일을 국정 목표로 내걸었다는 점에서 환영할 만한 일이다. 한국 증시의 발목을 잡고 있던 악재들이 해소될 수 있다는 기대감은 바로 지수로 확인됐다. 코스피는 2025년 2분기에만 20% 올랐고, 9월 들어 사상 최고치 경신을 이어갔다. 주요 증시 수익률 비교를 해보면 한국은 2024년 최하위권에서 2025년 최상위권으로 도약했다. 천지개벽까지는 아니더라도 놀라운 일이 벌어지고 있다.

  탄력을 받은 것 같으니 이제 놔둬도 될까? 그렇지 않다. 지수도 갈 길이 멀지만, 부동산 등 비생산적인 부문에 편중된 돈의 흐름을 주식으로 돌리기 위해서는 아직도 갈 길이 멀다. 나라의 경제구조를 변경해 나가는 일인 만큼 쉬운 일은 아니다. '코리아 디스카운트'의 해결도 과제다. 이전 정부들에서도 숙제였지만 제대로 풀지 못했다. 부분적인 개선이나 개혁으로 주가와 지수는 오를 수 있지만, 근본적인 해법은 아니다. 주주를 더 존중하는 식으로 기업 경영방식이 바뀌더라도, 기업의 지속가능성에 문제가 생기면 주가 상승 흐름은 결국 꺾이고 말 것이다.

주가는 기업가치의 척도다. 2024년부터 한국 증시의 화두인 밸류업(value-up)은 기업가치 제고를 뜻한다. 기업가치란 원론적으로 기업이 미래에 창출해낼 현금흐름에 달려 있다. 다양한 요소가 영향을 미치겠지만 기본은 기업의 실적이다. 정부는 장기적인 그림에서 기업들이 실적을 잘 낼 수 있도록 제도와 환경을 정비해야 한다. 이재명 정부 출범과 함께 22대 국회는 이사의 충실 의무를 주주에게로 확대하는 것을 골자로 한 상법을 개정했다. 이어 일반주주의 권리 강화와 관련된 보완 입법, 주가와 밀접한 연관이 있는 세제 개편 논의도 착수했다. 역사적인 일이다. 그러나 이 바람이 휘몰아치고 난 후에 정부가 할 일을 다했다고 생각하면 안 된다. 지속가능 밸류업은 이제 시작이기 때문이다.

긴 침체의 터널, 시름 깊었던 한국 증시

2024년을 잠깐 돌이켜보자. 한국 증시는 글로벌 증시에서 손

꼽을 정도로 부진했다. 1년 동안 상승률은 미국 S&P 23%, 다우 13%, 나스닥 29%, 중국 상하이 종합 13%, 일본 닛케이 19%, 대만 자취안 29%, 인도 센섹스 8%였다. 유독, 한국 증시만 하락했다. 코스피의 하락률은 10%에 가깝고, 코스닥은 21%가 넘는다. 그 시기를 돌이켜보면 한국 증시는 상반기까지는 새롭게 시작한 밸류업 프로그램과 반도체 수출 경기 개선 덕에 그럭저럭 버텨냈다. 하지만 하반기에는 외국인 투자자들의 'Sell 삼성전자, Sell Korea' 속에 속절없이 무너져 내렸다. AI 구동을 위해 필요한 핵심 반도체의 생산능력에 물음표가 붙으면서 삼성전자에 외국인의 매도가 이어졌다. 삼성전자 주가는 2024년 7월, 8만 원을 웃돌다가 11월에 5만 원이 깨졌다. 삼성전자는 한국 증시의 간판이다. 2024년 하반기 한국 증시의 순매도 금액은 18.7조 원이었고, 대부분이 삼성전자였다. 코스피는 14.2% 하락했다. 외국인의 한국 증시 보유 비중은 2024년 7월 31.8%에서 2024년 말 28.9%로 떨어졌다. 지금 기준으로는 믿기 어려운 수치지만 사상 최고치는 2004년 3월의 44.5%였다. 2010년대 들어서는 2017년 10월의 34.6%가 최고점이었다. 외국인 보유율이 30%를 밑돈 것은 '그냥 모두 팔아!'로 대변되는 글로벌 금융위기 시절(2008년 2월~2009년 10월) 이후 2024년 하반기가 처음이었다. 국내 기관투자자는 힘이 약해진 지 오래고, 젊은 개인투자자들은 호시탐탐 국장을 떠날 틈만 노린다. 이런 와중에 외국인 투자자마저 떠나면 한국 시장은 어떻게 되는 걸까.

2025년에 변화가 나타났다. 2025년 상반기에 코스피는 27%, 코스닥은 17%가 올랐다. 세계 주요 증시와 비교해도 가장 우수한 축에 든다. 그런데 한국 GDP를 책임지며 시가총액 상위권을 점령했던 간판들은 고개를 숙였다. 삼성전자는 7월부터 올랐지만, 상반기 내내 부진했다. 자동차업종도 관세 영향으로 부진했다. 철강, 화학, 이차전지도 별반 다르지 않았다. 시장을 주도한 건 글로벌 추세와 한국 금융정책이었다. 글로벌 추세는 에너지, 안보, 전력에 강하게 연결된 조선, 방산, 원전과 전력기기 업종이었다. 모두 글로벌 경쟁력을 갖춘 회사들이다. 금융정책의 골자는 주주환원의 밸류업과 지배구조 개선의 상법 개정이었다. 주주환원을 늘릴 여지가 많은 금융회사, 지배구조 개선 약효가 바로 먹힐 지주회사가 수혜주로 떠올랐다.

물론 1년 단위로 시장의 반락에 너무 많은 의미를 둘 필요는 없다. 최근 연도 부진에 따른 반등, 평균 회귀로도 볼 수 있기 때문이다. 길게 보면 한국 증시가 구조적인 내림세를 벗어났다고 확신하기 어렵다. 코스피 장기 시계열을 살펴보자. 글로벌 금융위기 시기까지 포함하면 20년이면 족하겠지만 IMF 환란을 빼놓고 이야기할 수 없으니 30년이 적당할 것 같다. 한국이 샴페인을 너무 일찍 터뜨렸다는 말을 듣던 1996년 1월 코스피는 858pt였다. 30년이 지난 2025년 9월 30일 기준, 코스피는 3,459pt다. 4.1배가 올랐지만 빼어난 성과는 아니다. 연평균 수익률은 4.8%다. 채권 수익률에 진배없다. 주식 투자의 위험에 대한 보상으로는 부족한 수익률이다. 1996년 7월

표 1-1 한국 증시 30년

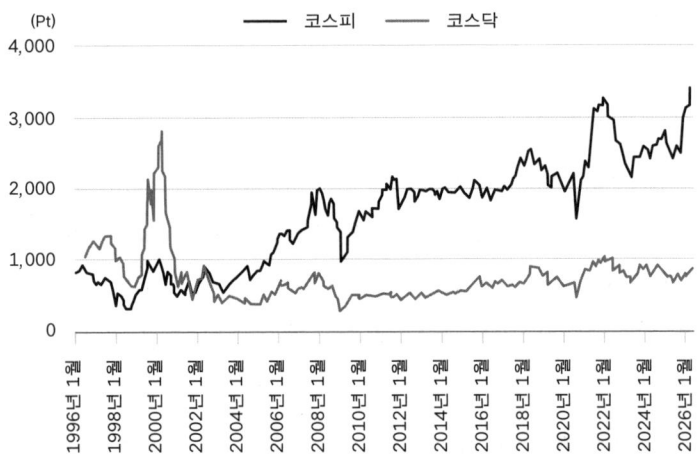

자료: 데이터가이드

1일, 코스닥이 1,000pt로 거래를 시작했다. 2025년 9월 30일 코스닥은 841pt다. 코스닥은 IMF 환란이 어느 정도 해결된 이후인 2000년 3월, 2,920pt까지 급등했다. 하지만 완벽한 거품이었기에 이내 급락했고, 2021년 1,060pt를 찍을 때까지 무려 20년을 1,000pt 아래에서 움직였다. 연평균 수익률을 계산할 필요가 없는 처참한 성적표다.

세계 주요 증시와 비교하면 한국 증시의 부진한 양상은 뚜렷하다. 2019년 1월을 100pt로 지수화하면 2025년 7월 말 다우지수 192pt, 나스닥 313pt, S&P500 252pt, 코스피 159pt, 일본 닛케이 212pt, 대만 자취안 249pt, 상하이 종합 143pt, 홍콩 항셍 99pt다. 한·중·일과 대만, 그리고 미국 3대 지수 중에 가장 많이 오른 건 미국의 나스닥이었고, 한국 코스피보다 부진한 수익률을 거둔 지수는 중국 상하이 종합지수와 홍콩 항셍지수였다. 중국은 중국 본토 경제 둔화, 부동산 시장 위축, 미국의 대중 무역 규제, 홍콩은 중국에 해당하는 대부분 이유와 정치적 불확실성까지 원인이 뚜렷하다. 한국도 물론 이유가 있었겠지만, 중국이나 홍콩에 비해 표면적으로 드러난 정치경제적 이슈가 특별히 눈에 뜨일 만한 것은 없다. 그럼에도 주가는 이들과 비슷하게 움직였다.

초대받지 않은 손님이 되다

벤치마크 인덱스(Benchmark index, BM)는 펀드 운용의 나침반이다. 벤치마크는 이정표이고, 인덱스는 지수이니 '이정표가 되는 지수'라는 뜻이다. 펀드 운용자에게는 이정표가 되는 지수에 속한 종목들로 펀드를 꾸려 BM보다 성과를 높이라는 주문이 떨어진다. 한국 시장에 투자하는 펀드의 BM이 코스피200인 식이다. 글로벌 펀드는 누군가가 만든 BM을 추종해야 한다. BM은 정기적으로 변경되는데 주로 시가총액과 거래 유동성 변화를 반영한다.

미국의 모건스탠리캐피털인터내셔널사가 작성해 발표하는 세계주가지수(MSCI) 신흥국지수 벤치마크 인덱스에서 한국의 투자 비중은 9.7%다. 인도 19.9%는 물론 대만 18.9%의 절반이다. 한국 시장은 비중 하향이 꽤 오랫동안 이어져왔다. 닭이냐 달걀이냐의 문제 같지만, BM에서 한국의 위상 축소를 보면 외국인 투자자들의 한국 증시 이탈이 우려된다. 2014년에 한국의 비중은 14.9%로 중국 13.9%, 대만 12.3%보다 높았다. 2024년 11월에는 중국이 26.99%, 대만 18.88%인데 한국은 9.73%에 불과하다. 10년 동안 중국과 인도의 비중이 2배로 상승했는데, 한국은 2/3 수준으로 줄었다. 한국 시장은 점차 중요하지 않은 시장이 되고 있다는 뜻이다. 이를 반증하는 한 예로 아시아 지역 펀드를 운용하는 홍콩이나 싱가포르 자산운용사에서 한국 시장을 담당하던 자리들이 많이 사라졌다. 투자자가 떠나서 한국 증시가 약해지고, 한국 시장이 약해질 것 같으니 투자자가 떠나는 악순환이다. 가뜩이나 국내 개인 투자자의 해외 증시 이탈로 국내 증시 수요가 엷어지는 상황인 만큼, 국민연금을 위시한 국내 기관투자자의 고민은 깊어질 수밖에 없다. 기관투자가로 일한 경험이 있고, 그들을 대상으로 이십 년 이상 일을 해왔기에, 이 고민을 누구보다 잘 이해한다. 한국 시장의 약세는 정말 심각하다. 정책 당국자도 문제를 모르진 않겠지만 심각성을 깨닫고, 약세의 이유를 제대로 진단해서 적절한 처방을 내려야 한다.

저평가의 덫, 자금조달 기능이 마비된 시장

주가가 뭐가 그리 중요하냐고? 주가가 하락하면 당장 빚으로 투자한 사람들이 문제다. 깡통 계좌는 사회 문제다. 조금 거시적으로 보면 금융소득 감소로 가계 소비가 위축된다. 그보다 훨씬 큰 차원의 문제도 있다. 한국 증시가 계속 허약한 상태로 흘러가면 투자자의 직접적인 손실 이상이 국민에게 돌아간다. 특정 국가의 국민의 삶은 그 국가 경제 시스템 내에서 영향받기 때문이다. 대표적으로 증권시장의 제일 중요한 기능인 기업에 장기적이고 안정적인 자금을 공급하는 기능에 문제가 생긴다. 증시가 부진하면 기업들의 자본 유치가 어렵다. 신규 상장(IPO)이나 유상증자는 기업이 자금을 공급받는 중요한 채널이다. 자본시장 본연의 기능은 바로 자금 공급인데, 증시가 역할을 제대로 못 하면 기업은 부채에 의존을 늘려야 한다. 물론 재무 운용 측면에서는 감당할 수 있는 수준으로 부채를 늘리는 식의 적당한 부채 활용을 권장한다. 자기자본수익률(ROE: Return on Equity)이 좋은 예다. 기업이 타인자본인 부채를 늘리면 이자 비용이 늘어나 순이익은 줄어들지만, 자기자본의 활용성이 커질 수 있기에 ROE는 높아질 수 있다. '적절한' 레버리지는 좋다. 하지만 레버리지는 과하면 독이다. 1997년 외환위기와 IMF 사태, 2008년 비우량 주택담보 대출에서 시작한 글로벌 금융위기, 2022년 부동산 PF 사태 등을 떠올려보라. 증시에 몸담은 사람들은 대부분 그러하겠지만 시스템이 빚의 증가에 둔감하다고 느낄 때를 경계해야 한다. 한국은 국가부채나 가계부채의 잣대로 볼 때, 마냥 안전한 나라가 아니다.

 IPO와 유상증자가 순조롭게 소화되려면 증시가 건강해야 한다. 희망의 강이 부동산이 아니라 증시로 흘러야 한다(새 정부가 방향 설정을 잘했다!). 한국은 IPO와 유상증자의 방식에 문제가 있다. 이 문제를 풀면서 증시도 살려야 한다. 금융위원회가 상장 요건을 강화하고 부실한 기업들을 솎아낸다고 한다. 옳은 방향이지만 그것만으로는 충분하지 않다. 주가를 올려야 한다.

어쩌다 보니 한국은 IPO나 유상증자에 의심 가득한 시선을 보내야 하는 서글픈 현실에 처해 있다. 실제 한국에선 IPO와 관련해서 부실기업 상장 논란이 끊이질 않는다. 'IPO = 일부 주주의 자금 회수(exit) 수단'이라는 인식과 섞이면서 IPO 기업을 보는 시각이 곱지 않은 것이다. 본래 IPO는 일반 국민이 우수한 기업에 투자할 수 있는 좋은 기회다. 상장기업은 타종식을 하고 활짝 웃으며 사진을 찍고 축하를 나누는 자리인데 어느 때부터 한국에서는 그 사진을 볼 때 찜찜한 잔상이 남는다.

유상증자도 마찬가지다. "주주들의 돈으로 곳간을 채운다." 유상증자를 단행하는 적지 않은 기업들에 붙은 꼬리표다. 유상증자도 IPO와 같은 맥락에서 기업 성장을 위한 중요한 자양분인 건데, 실상은 그렇지 않다. 유상증자가 부정적으로 인식되는 건 진짜 목적이 공시한 대로 '성장 재원 마련'이 아닌 경우가 많았기 때문이다. 소위 좀비기업들의 유상증자는 주주가치만 희석시킬 뿐이다. 기존 주주들의 반발이 따를 수밖에 없다. 종종 시장과의 불통으로 사고를 칠 때도 있다. 밸류업 프로그램에 대한 기대가 고조되어 가던 시기에 몇몇 기업들은 주주들과 제대로 소통하지 않은 채 유상증자를 결정해 실망을 초래한 바 있다.

'유망 벤처'의 탈한국, 시장 신뢰의 균열

기업 상장과 관련해 또 다른 걱정이 있다. 한국 우량기업의 해외 상장 추세다. 한국 유망기업들이 한국 증시의 낮은 밸류에이션(기업 가치평가) 등을 이유로 한국에서 제 몸값을 받기 어렵다고 판단하면 한국을 떠나 미국에 상장할 수 있는 세상이다. 이미 2021년 쿠팡(엄밀히 쿠팡은 한국에서 사업하는 미국 회사다), 2024년 네이버웹툰이 미국에서 상장(웹툰 엔터테인먼트)했고, 야놀자와 토스 등이 미국 상장을 타진 중이다. 상상해보자. '네이버, 카카오, 이마트 주가가 반토막 날 때, 만약 코스피에 쿠팡이 상장되어 있었다면?' 서학 개미야 쿠팡이 좋다고 생각하면 해외 증시에 상장된 쿠팡을 사면 끝이다. 그런데 국내 주식 투자자는 유통업계의 구조 변화를 뻔히 보고 있으면서도 국내 증시에선 쿠팡을 살 수가 없다. 쿠팡 대신에 억지로 다른 주식을 사야 할 때 마음이 갑갑해지지 않을까. 국내 주식형 펀드라고 가정하고, 기관투자자는 업종을 골고루 분산해서 투자한다. 내수와 전자상거래 업종도 몇 종목을 넣어 포트폴리오를 구성한다. 지금은 쿠팡이 코스피에 없으니 대신 국내 대체 종목들로 포트폴리오를 구현해야 한다. 그런데, 이런 선택으로 본인의 성과가 부진하다면 속이 터질 노릇이다. 이런 사례도 있다. 2025년 8월 13일 웹툰 엔터테인먼트는 디즈니와 제휴 소식에 하루에 주가가 81.7%나 올랐다. 웹툰 엔터테인먼트를 61.7% 보유한 네이버의 주가는 이후 한국 증시에서 보합에 머물렀다. 만약 네이버웹툰이 나스닥이 아닌 코스닥에 상장했다면 어땠을까? 유망한 회사가 한국 증시를 외면하는 건 누구 탓일까? 상장은 거래소 주관 업무지만 탈한국 추세는 한국 증시를 망가뜨린 이해관계자 모두가 책임져야 한다.

또 다른 이슈는 창업의 동기부여다. 증시가 힘을 잃으면 창업 초기 기업의 자금 유치가 어려워진다. 자금 유치 벽을 못 넘겠다고 생각하면 창업을 꺼리게 된다. 회사를 잘 키워 상장해도 별 재미를 못 볼 거라는 예측도 마찬가지다. 이렇게 되면 한국 경제구조의 바닥부터 최상위까지 기본이 되어 있어야 할 '기업가 정신'이 싹트기 어렵다. 1990년대부터 정부마다 벤처기업을 키우겠다고 약속했다. 이재명 정부 국정운영 계획에도 벤처 육성책이 들어갔다. 하지만 벤처 활성화도 증시가 부진하면 효과가 크게 줄어든다. 유통시장인 증시의 체력이 약하고 돈만 벤처 중심의 발행시장에 대거 풀리면 과거에 그랬듯이 벤처금융은 혼탁해지기 쉽다. 한국 주식시장 부진은 결코 가볍게 볼 일이 아니다.

무너지는 자본시장 신뢰, 흔들리는 '한국인의 부'

증시 부진이 초래할 세 번째 문제는 국민의 부(wealth)다. 소득 보전 수단으로 제대로 작동하지 않는 주식시장은 단기적으로는 내수 부진, 근본적으로는 한국의 노인 빈곤 이슈와 연결된다. 노인 빈곤이란 중위소득의 50%(빈곤선) 이하의 소득인 노인을 의미한다. 한국의 노인빈곤율은 경제협력개발기구

(OECD) 회원국 중 가장 높은 수준이다. 2020년 기준으로 66세 이상 노인 인구 중 40.4%가 빈곤 상태에 있으며, 이는 OECD 평균인 14.2%의 약 3배에 달한다. 은퇴 이후 일정한 소득이 없거나 연금 지급 수준이 낮기 때문이다.

건강한 증시는 투자자에게 자산운용 수단을 제공하고, 배당을 통해 기업에서 가계와 개인으로 원활하게 소득을 재분배한다. 고령사회를 지나 초고령사회*에 빠르게 진입한 우리나라는 노후 소득 확대가 사회적 과제다. 은퇴가 빨라지고 소득이 줄어드는 상황에서 사실상 기댈 언덕은 금융자산이 되어야 한다.

그럼에도 한국인의 자산 중 금융자산이 차지하는 비중은 매우 작다. 노후를 대비한 장기적인 자금 운용 수단으로 금융자산이 역할을 못 하고 있다. 2021년 한국인의 금융자산 비중은 35.6%로 미국 71.5%, 일본 63.0%, 영국 53.8%에 비해 현저히 낮다(금투협 통계). 한국인의 자산 중 비금융자산, 그중에서 부동산 비중이 높은 탓**이다. 그나마 금융자산에서도 현금 예금이 43.4%로 높고, 금융 투자상품은 25.4%로 낮은 편이다. 특히 한국인의 금융자산은 다른 나라 국민대비 보험·연금 비중이 작다. 위험자산인 주식에 투자하는 비중이 극도로

- * 65세 이상 비율이 7% 이상이면 고령화사회, 14% 이상이면 고령사회, 20% 이상일 경우 초고령사회로 구분한다. 2024년 12월에 20%를 돌파했다.
- ** 한국의 높은 비금융자산 비중과 낮은 금융자산 비중은 고령가구에선 85%, 15%로 더 두드러지게 나타난다.

표 1-2 각국 가계 자산 비중 구성 비교(2021)

	한국	미국	일본	영국	호주
비금융자산	64.4	28.5	37	46.2	61.2
금융자산	35.6	71.5	63	53.8	38.8
현금	15.5	9.4	34.1	14.6	8.4
금융투자상품	9.0	41.5	10.3	8.4	7.1
주식	7.4	28.7	6.6	6.0	6.7
채권	0.8	1.6	0.8	0.1	0.0
펀드	0.8	11.1	2.8	2.3	0.3
보험·연금	10.8	20.4	16.8	28.6	22.6
기타	0.3	0.1	1.8	2.3	0.8

자료: 금융투자협회

작은데, 보험·연금의 비중도 작은 것이다.

자산 배분의 기초는 간단하다. 자산의 기대수익률이 물가상승률을 이겨야 한다. 물가상승률보다 수익률이 낮으면 실질적으로는 마이너스다. 이런 자산에 오랫동안 기대면 점점 가난해진다. 한국의 가계 자산 배분은 장기적으로 물가상승률을 좇아가기도 어렵고 안정적인 조합이 아니다. 가야 할 방향은 명확하다. 부동산을 줄여 금융자산을 올리되, 금융자산 안에서는 펀드를 높이거나, 위험자산의 비중을 높인 보험·연금의 비중을 키울 필요가 있다. 특히 연금이 중요하다. 하지만 한국 증시 부진이 구조적이고 탈출이 어렵다면 이러한 자산 배분 변화는 자연스럽게 이루어지기 어렵다. 바로 증시를 살려야 할 이유다.

부동산 편중, 부의 구조적 불균형

어떤 이유든, 한국인의 집 사랑, 부동산 투자는 못 말린다. 앞의 표 〈각국 가계 자산 비중 구성 비교(2021)〉에서 보듯 한국은 64.8%가 비금융자산으로, 실질적으로 부동산이 절대적이다.

한국의 부동산 편중이 일으키는 문제들은 가볍지 않다. 첫째, 가계의 과도한 부채와 이로 인한 소비 위축이다. 무리한 주택 구입 대출과 이자는 내수 경기에 타격을 줄 정도다. 둘째, 비생산적 자산 투자로 자금의 흐름을 고이게 한다. 기술개발, 산업투자에 흘러갈 자본이 아파트에 묶이면서 경제의 역동성이 추락한다. 셋째, 부동산에 편중된 자금흐름은 주식시장 상승에 필요한 유동성에도 부정적인 영향을 끼친다.

주식시장이 활성화돼야 하는 이유는 생산적 투자 경로의 확대, 가계의 자산 다변화와 장기 성장성 확보, 청년층과 중산층의 자본 성장 기회 제공 등에서다. 주식은 소액 투자가 가능하고 배당투자를 활용해 소득을 보완할 수 있다(이런 취지로 새 정부는 배당소득 세제개편도 추진 중이다). 대출이자 부담이 주식 배당소득으로 바뀐다면 소비 여력은 크게 확대될 것이다. 한국 경제가 지속가능한 성장을 이루기 위해서는 부동산 중심의 자산 구조에서 벗어나 생산적인 자본시장 중심으로의 전환이 꼭 필요하다. 주식시장은 단순한 투기 수단이 아니라, 미래 산업에 자금을 공급하고, 국민이 함께 성장의 과실을 나

눌 수 있는 통로다.

퇴직연금, '후불 임금'에서 '투자 자산'으로

퇴직연금 운용 방식에서도 주식의 비중 상승이 필요하다. 한국은 지난 2005년부터 미국의 기업연금과 유사한 퇴직연금제도를 도입했다. 정부는 운용 효율성과 수익률 개선을 위해 제도 개선에 노력해왔다. 2022년에 중소기업 퇴직연금 기금을 도입했고, 2023년에는 디폴트옵션*을 신설했다. 퇴직연금은 도입 초기부터 자본시장의 체질을 강화하는 획기적인 계기가 될 것으로 기대를 모았다. 도입 20년이 지난 현재 상황을 살펴보면, 외형 면에서는 괄목할 성과를 보인다. 2024년 말 적립금 규모는 431.7조 원으로, 2018년 말 190조 원에서 6년 사이에 2배 이상으로 급성장했다. 퇴직연금 운용 형태는 확정급여형 DB가 214.6조 원, 확정기여형 DC가 118.4조 원, 개인형 IRP가 98.7조 원이다.** 주식 투자 인구 1,400만 시대, 예전보다 퇴직연금을 직접 운용하는 IRP의 증가 속도가 무척 빠르다. IRP는 2023년 말 75.6조 원에서 2024년 말 98.7조 원으로 급증했

- 디폴트옵션은 사전지정운용제도로, 퇴직연금 DC·IRP형 가입자가 별다른 운용 지시가 없으면 사전에 정한 적격 투자상품으로 운용한다.
- DB는 퇴직급여가 확정급여 산출공식(퇴직 시점 평균 임금 × 근속연수)에 의해 사전에 결정되는 제도, DC는 사용자 부담 금액이 확정기여 산출공식(연간 임금 총액의 1/12 이상)에 의해 사전에 결정되어 있는 제도, IRP는 근로자 퇴직 시 수급한 퇴직 일시금을 은퇴 시점까지 적립·운영할 수 있도록 한 통산장치를 말한다.

표 1-3 한국 퇴직연금 연도별 운용 수익률 비교(단위 %)

	퇴직연금	정기예금 금리	국고채 3년	코스피	S&P 500
2019	2.25	1.75	1.53	7.7	31.5
2020	2.58	1.05	0.99	30.8	18.4
2021	2.00	1.08	1.39	3.6	28.7
2022	0.02	2.77	3.20	-24.9	-18.5
2023	5.26	3.71	3.57	13.4	24.0

주: 2024년은 통계청 공식자료가 아닌 고용노동부 보도자료
자료: 통계청

다. 요즘 길을 걷다가 빌딩 전광판이나 노선버스를 보면 부쩍 증권사의 IRP 유치 광고가 눈에 들어온다. 시장 성장도 빠르고 금융권 내에서 경쟁도 치열하다.

하지만 퇴직연금의 운용 내용을 조금 더 따져보면 애초 기대했던 자본시장의 체질 개선에는 미흡한 모습이다. 최근 5년 퇴직연금 수익률은 ('19) 2.25%→('20) 2.58%→('21) 2.00%→('22) 0.02%→('23) 5.26%→('24) 4.77%다. 2022년 주식 하락장에서 마이너스를 면하고 2023년에는 한 번도 없던 5%대를 찍은 건 긍정적이었지만 재차 4%대로 내려갔다. 2023년 수익률은 예금금리 상승이 크게 작용했지만, 국내와 해외 증시의 동반 상승, 수익자가 위험자산 편입비를 늘리는 추세인 IRP 계좌의 빠른 증가도 이바지한 몫이 클 것이다. 하지만 2019~22년도 퇴직연금 수익률은 0.02~2.25%로 물가 상승 방어도 안 되는 수준이었다. 보통 임금 상승률은 물가상승

률을 고려하여 2% 이상이다. DB는 물론 DC나 IRP에서도 낮은 금리의 예금에 묶어 놓고, 연금 운용 사업자들의 수수료는 수수료대로 빠져나간다. 2024년 고용노동부 보도자료에 따르면 한국 퇴직연금 적립금의 무려 87%가 원리금 보장상품에 집중되어 있다.

회사나 근로자가 이렇듯 안전제일주의로, 사실상 방치에 가깝게 연금을 운용하는 것에는 이유가 있다. 근로자들이 퇴직연금을 본인 노후를 위해 적극적으로 불려야 할 '금융자산'이 아닌 그저 지키면 만족하는 '후불 임금' 성격으로 보는 시각이 강하기 때문이다. 한국에는 주식이 기업의 성장을 공유하는 훌륭한 재산 증식 수단이 아니라, 가산을 탕진할 수 있는 요물이란 생각을 하는 사람들이 적지 않다. 과거를 돌아보면 기업과 투자자, 그리고 증권사와 운용사, 감독할 정부 관료들까지 한국 주식시장의 모든 플레이어가 반성해야 할 대목이 있다. 여하튼 퇴직연금 수익률 개선(모수개혁만 연금 개혁이 아니다!)을 위해선 뿌리 깊은 위험회피 심리를 극복하고 금융자산으로 보는 인식 변화를 유도해야 한다. 한국 증시가 계속 부진하면 이러한 인식 변화는 요원하다. 같은 의미로 한국인의 노후가 가난해질 가능성이 커진다.

미국의 소득대체율*이 한국보다 높은 이유는 가계 자산

- 생애 평균소득 대비 노후에 받을 연금액 비율. 2021년 기준 OECD 통계로 미국 81.3%, 한국 50.8%다.

에서 높은 금융자산의 비중, 이를 뒷받침하는 연금제도에 있다. 흔히 '401K'라고 불리는 미국의 기업연금은 은퇴계획 계좌라고 불린다. 401K 규모는 2023년 말 기준 7.4조 달러다.* 2022년 기준 401K의 운용자산에서 약 71%가 주식(equity)과 주식형 펀드에 배분되어 있다. 한국 퇴직연금 87%가 원리금 보장상품인 사실과 비교된다. 401K 수익자들의 연평균 수익률은 8~10% 수준이다. 미국의 장기근속 은퇴자 태반이 백만장자란 이야기가 나오는 이유다. 많은 한국인이 30년 전후 직장생활을 마치고 또 생계를 위해 장사를 시작한다. 조금 더 여유로운 삶을 누리려면 국민연금도 잘해야겠지만, 퇴직연금이 매우 중요하다. 그리고 퇴직연금 운용은 안전제일이 최우선이 되면 안 된다. 퇴직연금 성공의 필요조건은 한국 증시가 꾸준하게 상승할 수 있다는 믿음이다.

이제는 시스템을 바꿀 때: 밸류업 2.0의 시작

한국 증시 구출 작전. 매우 중요한 숙제다. 초고령화에 진입한 한국은 금융자산을 늘려야 할 숙제가 엄중하다. 부동산에 편중된 국민의 가계 자산을 보고도 증시 활성화 대책에 소극적인 건 국가 경제의 위험을 키우는 일이다.

무엇을 해야 할까? 2024년 정부는 밸류업 프로그램을 도

---

* FRB 통계로 401K를 포함한 미국 개인연금 총액은 2024년 3분기 말 33.4조 달러에 달한다.

입했다. 다행이다. 주식시장 문제를 진지하게 볼 생각을 했다는 점에서 긍정적이다. 적어도 문제가 무엇인지는 인식하고 방향을 잡는 데까지는 온 것이다. 물론 밸류업 첫해를 돌이켜보면 아쉬운 점도 적지 않았다. 고민 끝에 드러낸 밸류업 지수가 그랬고, 그러다 보니 기관 자금 유입도 실망스러웠다. 적지 않은 금융투자 세제가 시대착오적이지만 밸류업을 위한 세제 개편 논의는 전개되지 못했다.* 이 모두 밸류업 도입 첫해였기에 시행착오로 덮을 수 있겠다.

이제부터가 중요하다. '밸류업 2.0'이라고 명명할 수도 있는데, 밸류업 2.0은 '지속가능'을 포함한 밸류업이 되어야 한다. 저평가, PBR, ROE, 주주환원으로 생각의 연결고리가 끝나는 게 아니라 회사가 쓰는 돈의 기회비용을 제대로 따지는 자기자본비용(Cost of Equity; COE)까지 생각하는 방향으로 기업가치가 제고돼야 한다. 기후변화 위험으로 발생할 수 있는 코리아 디스카운트에 적절한 정책으로 방어하고, 한편으로는 새로 창출되는 성장 기회를 적극 활용하는 밸류업을 생각해야 한다. 밸류업은 주가에 국한되지 않는다. 한국 기업의 가치

• 금투세 도입 논의는 없는 걸로 되었지만 주식시장 활성화를 위해 충분하지 않았다. 다행스럽게 배당투자 확대를 유도하는 배당 이자소득 분리과세 개편안이 세제개편 안에 포함되었는데 이 법안과 주식 양도세 원복 이슈 때문에 논란이 매우 심하다. 그다음 차례는 상속세가 될 가능성이 높다. 높은 상속세율이 오너들로 하여금 주가를 낮게 가져가려는 유인을 만든다는 지적이 있기 때문이다.

확장이다. 예를 들면 재생에너지 발전에 소극적이었던 국내 시중 은행들이 국내 대규모 해상풍력 프로젝트에서 경험을 쌓고 해외 진출까지 이어져야 진정한 밸류업이라고 할 수 있다. 그러려면 국내 시중 은행들이 과감히 나설 수 있도록 내부 위험관리 체계에 변화가 선행돼야 한다. 은행은 대출이나 투자 대상의 성격별로 위험가중치(RWA: Risk-Weighted Assets)를 다르게 적용하는데, 재생에너지 프로젝트의 높은 RWA를 낮추는 식이다. 합리적인 미래 기후금융 시장형성을 위해 전력산업과 금융 전문가의 아이디어가 절실하다.

반갑게도 새 정부 출발 즉시 이사의 충실 의무를 주주에게 확대하는 방향으로 상법을 개정했다. 큰 성과다. 하지만 장기투자 문화 정착을 위한 거버넌스 개선의 길은 멀고 험하다. 자사주 의무 소각, 상속세법 같은 법률 개정이 적지 않게 남아있다. 투자자들이 회사를 믿고 장기적인 투자를 할 수 있도록 기업의 의사결정 구조가 변해야 한다.

정부 조직도 거버넌스 개선이 필요하다. 민간 전문가를 등용하고 치열하게 토론해야 한다. 기업과 정부가 협력해서 나라의 거시적, 장기적 계획하에 움직여야 한다. 그런 차원에서 새 정부의 AI 강화 행보는 바람직하다.

어떡해서든 한국 증시를 떠난 외국인들을 다시 불러들여야 한다. 증시를 소홀히 하면 한국은 가난해질 수 있다. 0%대 성장률, 십억 원을 넘어선 서울 아파트값(아파트 중위 매매가격 기준), 1,400원을 뛰노는 원달러 환율, 높아진 장바구니 물가를 생각하면 한국은 이미 가난해지고 있는지도 모른다. 대한민국 전체의 지속가능한 밸류업이 필요하다.

2장 킬로와트의 정치경제, AI 시대 한국전력 리스크

AI는 비싸다

바야흐로 인공지능(Artificial Intelligence; AI) 전성시대다. AI가 영향을 미치는 곳보다 안 미치는 곳을 찾기가 더 어려울 정도로 AI는 빠른 속도로 우리 삶에 구석구석 파고드는 중이다. 신약 개발이나 첨단 로보틱스처럼 거창한 영역을 따질 필요도 없다. 이미 평범한 일상의 대부분에 AI의 존재가 느껴진다. 학생들 숙제, 직장인 보고서, 심지어 전날 밤 꿈 분석이나 친구와의 대화 정리까지 AI 손길이 닿는다. 사람들이 누구 말이 옳냐 내기할 때 예전에 네이버나 구글 검색을 하듯이 이제는 챗GPT를 찾는다. 전 세계에서 하루에 챗GPT에 쏟아지는 질문이 30억 건이고, 주간 이용자가 2025년 3월에는 5억 명, 7월에는 7억 명을 넘어섰다고 한다. 대형 언어 모델(LLM: Large Language Model)은 애널리스트의 조력자(RA) 역할을 하는 시대를 열었다. 동료나 선배한테 묻는 일은 점점 줄어든다. 다양한 LLM, 날로 기능이 발전하는 번역 앱을 만나게 되면서 RA 없이도 일할 만하다.

그런데 사람들이 잘 모르는 게 하나 있다. (우리는 AI를 큰 부담 없이 쓰고 있지만) AI는 비싸다. 일단 컴퓨팅을 위해 필요한 GPU(그래픽 처리장치)와 반도체 칩이 비싸다. 2025년 초 저렴한 중국산 AI 모델의 충격적 데뷔로 변수가 생기긴 했지만, AI의 학습과 추론, 언어모델 개발을 위해 먼저 GPU가 필요하다. 엔비디아가 만드는 GPU H100은 4만 달러 수준이다. 그리고 AI에 주로 쓰이는 고대역폭 메모리 HBM(High Bandwidth Memory)은 한 개에 15달러 정도로 알려져 있다. 1.35달러(DDR4 8Gb 기준) 수준인 범용 메모리 칩 한 개와 비교하면 엄청 비싸다. AI를 자사 비즈니스에 접목하려는 회사들은 비싼 GPU 수천 개가 필요하다. 2025년 초 검색 기준으로 메타가 35만 장, 테슬라가 3,500장을 보유 중•이라고 알려져 있다.

탄핵 정국이었던 2025년 2월, 한국 정부는 국가 AI 컴퓨팅센터 구축을 위해 2030년까지 GPU 3만 장을 확보하겠다고 발표했다. 새 정부 역시 출범과 동시에 AI 육성에 강한 의지를 보였다. 우선 주요 기관장과 비서관에 여러 AI 전문가들을 배치하고, AI 3대 강국을 국정과제로 공식화했다. 여기에는

- 상대적으로 적은 양을 보유했던 테슬라는 2025년 7월 삼성전자와 23조 원어치 AI 반도체(정확하게 파운드리) 발주 계약을 체결했다.

AI 고속도로(첨단 GPU 5만 장 확보, 데이터센터 조기 확충 등), AI 접근성 확대, AI 컨트롤타워 구축(국가 AI 위원회의 기능 강화) 등의 내용이 들어갔다. 백미는 대통령이 위원장으로 직접 챙기겠다는 뜻을 피력한 '국가 AI 전략위원회'의 출범이다.

AI 전성시대, 전력 전쟁이 시작됐다

GPU 투자 비용 못지않게, 아니 어쩌면 그보다 더 AI 확산에 걸림돌이 바로 전기다. AI는 전기를 폭발적으로 소모한다. 전기 먹는 하마는 흔한 표현이 된 지 오래다. H100 GPU 한 개 구동에 필요한 전력 소비량은 가동률 61% 가정하에 연간 약 3,740kWh다. 미국 가정의 평균 소비량보다 많은 양이다. 이런 예측값도 계속 상향 조정되고 있다. AI 생태계가 유지되려면 지금보다 훨씬 많은 데이터센터와 클라우드가 필요하다. 데이터센터는 컴퓨터를 구동하기 위해, 그리고 구동에 맞먹는 수준의 냉각을 위해서도 전기가 필요하다.

IEA(국제에너지기구)는 2024년 데이터센터의 전 세계 전력 소비량 예상치는 415TWh며, 매년 15%씩 증가하여 2030년에는 약 945TWh로 전 세계 총 전력 소비량의 3%가량을 차지할 것으로 예상했다. 또 2022년 대비 2026년 글로벌 전력수요 증가분을 6,760TWh로 예상했다. 이 중에서 데이터센터와 디지털 인프라의 전력수요 증가분을 350~500TWh, 전체의 5~7%로 예측했다. 세계에서 여섯번 째로 전력을 많이 사용하는 국가인 한국의 2023년 연간 사용량 546TWh에 필적한 수

표 2-1 2023~2030년 글로벌 전력수요 증가 전망

섹터	예상되는 비중	전력수요 증가 (TWh)
산업(제조와 광산업)	35~40%	2,400~2,800*
주거 및 상업용 건물	30~35%	2,000~2,400**
전기차(EVs)	9~12%	600~800
데이터센터 및 디지털 인프라	5~7%	350~500
기타 전기화(철도, 농업)	5~10%	400~700
총계	100%	6,760TWh

자료: Electricity 2024, IEA
- * 산업 섹터 주요 증가 요인은 자연적 성장 외에 철강과 같은 탄소다배출 산업의 전기화 수요
- ** 건물 섹터 주요 증가 요인은 개발도상국들의 전기 냉난방 수요 증가와 탄소저감 목적의 히트펌프 보급

준이다. 글로벌 데이터센터와 디지털 인프라 전력수요만 충당하기 위해 한국이 보유한 발전 용량만큼을 4년 안에 새로 지어야 한다는 뜻이다. 한국의 발전 용량은 151.7GW이다. 1.4GW짜리 원자력발전소로 채우려면 108기가 필요하다.

AI가 되살린 SMR, 에너지 패러다임의 반전

미국에선 AI 확대로 인한 전력수요 증가로 더 많은 발전소와 송배전 설비가 필요한 상황이다. 재생에너지 발전소, 송배전망과 변압기와 같은 전력 설비에 대한 투자수요도 더불어 증가하고 있다. 그 가운데 주목받는 게 원자력이다. 바이든 행정부는 2024년 11월 신규 원전 건설, 원전 재가동, 기존 시설 개선 등을 통해 2023년 100.6GW의 원전 발전 용량을 2050년까

지 300GW로 만들겠다는 로드맵을 발표했다. 2025년 5월, 트럼프 대통령은 판을 더 키웠다. 2050년까지 100GW를 늘려 400GW로 확대하겠다는 전략이다. AI에 필요한 전력 확보를 위해 신규 대규모 원전의 중요성을 언급하며, 2030년까지 10기 건설을 시작하도록 수십억 달러 규모의 정부 지원을 제공할 계획이다.

확실히 빌 게이츠는 예지력이 대단하다. 원자력에 의문부호가 가득했던 2021년, 빌 게이츠는 저서《기후재앙을 피하는 법》에서 미래 전력의 대안으로 대형 원전의 부활 대신 본인이 설립한 테라파워의 소형 모듈 원자로(Small Modular Reactor; SMR)* 방식을 대안으로 제시했다. 원전 축소를 지지하고, SMR은 어렵다고 생각했던 무렵이라 그 부분을 읽으며 '소형 원전이 대안이라고?' 하며 고개를 갸웃했던 기억이 있다. 1980년대부터 미국에서 SMR을 개발했지만 상업화하지 못했고, 한국의 스마트(SMART)** 원자로 개발 과정 역시 계속 표류하던 것을 생각하며 성공 가능성을 낮게 봤던 때였다.

- * SMR의 발전용량은 기존 원전(1GW 이상)보다 작은 300MW 이하다. 운전의 유연성과 분산형전원 활용 등 장점이 있으며, 모듈화로 건설비용이 낮아질 것으로 기대하고 있다.
- ** System-integrated Modular Advanced ReacTor(SMART). 대한민국에서 개발한 열출력 330MWt의 중소형 다목적 일체형 원자로. 출력은 약 100MWe 전후다. 건설비는 1조 원이고 원자로 추가는 7천억 상당이며, 건설기간은 3년 정도다. 발전단가는 MWh당 60달러~100달러로 일반 대형 경수로에 비하면 2~3배 비싼 것이 흠이다.

책이 나오고 4년이 지난 지금, 내 예상은 반만 맞았다. 미래 전력 확보가 중요해진 마이크로소프트, 구글, 아마존 같은 빅테크들이 2024년 가을부터 SMR 개발회사, 유틸리티 회사들과 직간접적인 전력공급 계약을 연이어 체결했다. 계약의 배경은 SMR 성공의 확신이 아니라, SMR 개발이 성공했는데 확보한 전력이 없으면 곤란하니 계약부터 하고 보자는 '보험' 차원일 수도 있다. 그럼더라도 탄소감축 드라이브로 붐을 일으킨 재생에너지 중심의 전력 설비 증설에 원자력 발전이 가세한 건 부인할 수 없게 되었다. AI 드라이브 때문이다.

이런 흐름에 관련 회사의 주가가 반응하는 건 당연하다. 미국의 '골드 러시' 때 정작 돈을 번 것은 곡괭이와 청바지(당시 노동자들의 노동복이었다)를 판매한 회사들이었던 것처럼, AI 대유행을 맞아 갑자기 수요가 폭발한 기업들이 있다. 모두가 아는 AI 반도체 설계와 판매를 석권한 엔비디아(NVIDIA) 이야기가 아니다. 먼저 노후 인프라 교체를 맞아 물품 부족 현상을 겪고 있는 전력기기를 미국에 수출하는 회사들이 덕을 봤다. 그러다 어느새 원전과 SMR 관련 주식도 뜨거워졌다. SMR 주가는 서사도 흥미롭다. 한국의 원전 공급망 회사들과 사모펀드가 투자한 사실상 유일한 SMR 상장회사 뉴스케일(Nuscale; 주식코드 SMR)이란 미국 회사가 있다. 이 회사 주가는 한때 상업화 지연 우려로 1.99달러까지 하락했다. 하지만 AI 기대로 반전, 2025년 7월 말 한때 50달러를 넘어서기도 했다. 바닥 대비 25배 오른 것이다. 열 배 오른 주식을 텐베거(Tenbagger)라고 한다. AI 금광의 청바지와 곡괭이를 만드는 회사들의 주가는 텐베거 이상을 달리고 있다.

의문의 1패: 송전망 문제

2025년 기준 아직 한국은 전력이 부족하지 않은 편이다. 공급예비율이 판단 지표다. 최대 전력수요가 분자, 정비나 고장을 제외하고 실제 발전에 투입 가능한 발전소의 발전 용량인 공급능력이 분모다. 2024년 1월~2025년 1월, 매월 최대 전력수요 기준으로 공급예비율은 최저 9%, 최대 28%였다. 프로야구 경기가 취소될 정도로 더웠던 2024년 8월의 전력수요와 공급이 가장 가깝게 붙었던 날에도 최대 전력수요 97GW, 공급능력 105GW로 공급예비율이 9%였다. 이때 계획예방정비나 고장 등으로 총 발전 용량 149GW의 30%인 44GW가 쉬면서도 전력수요에 대한 대응이 여유 있었다. 기본적으로 발전소를 많이 세운 편인 데다, 태양광 자가발전도 안정적인 운영에 제 몫을 하고 있다.

그런데 AI로 인한 전력수요 증가가 불 보듯 뻔한 상황에서, 5년, 10년 후에도 한국의 전력에 아무 문제가 없을까. 중요한 사실은 AI로 인한 전력 수급 우려가 아니더라도 한국의 전력 인프라는 국가경쟁력에 걸림돌이 될 위험성을 조금씩 키우고 있다는 점이다.

현재 정부의 장기 전력수급계획은 15년 치의 전력수요를 예측하고 그에 따라 공급 계획을 세우며, 2년에 한 차례씩 업데이트된다. 어떤 발전원의 발전소를 어디에 누가 지을지 정하는 게 핵심이다. 한국은 최근 십여 년 동안 장기 전력수급계획을 발표할 때마다 갈등을 겪었다. 한국 사정만 그런 건 아니지만 진보, 보수 진영은 에너지에 관한 생각이 사뭇 다르다. 진보, 보수 각 정부가 에너지 계획을 발표하면 업계를 비롯해 정치권 곳곳에서 갈등이 크게 일어난다. 2024년부터 2038년까지 제11차 장기 전력수급계획(이하 제11차)은 탄핵정국으로 인해 확정이 지연되다가 2025년 봄에야 확정되었다. 진보와 보수 측이 '밀당'한 핵심 의제는 원전 신규 건설 규모였다. 확정안은 2038년 대형 원전 2기, SMR 1기의 신규 건설이다. 진보성향의 새 정부는 원전을 원론적으로 배척하지 않겠다는 뜻을 밝혔다. 제11차에선 AI, 데이터센터와 같은 미래 전력수요를 추가 수요로 16.7GW를 반영했다. 2038년 예상 전력수요(수요관리 전前)인 145.6GW의 11.4%에 해당하는 만큼 적지 않은 비중이다.

데이터센터 건설 수요로 인한 전력수요 증가 요인은 뚜렷하다. 우리나라 데이터센터의 전력수요는 부하 기준 1.9GW이지만, '전기 사용 신청 기준'으로 앞으로 데이터센터에 공급해야 할 전기는 4배 이상인 8.5GW에 달한다(2023년 산자부). 수도권의 데이터센터 전기 사용 신청이 비수도권보다 40%가량 많다는 점도 우려스러운 대목이다. 산자부는 2029년까지 신청한 수도권 지역 신규 데이터센터 601개소 중 40개소만 전력 적기 공급이 가능하다고 밝혔다. 전력수요가 공급을 크게 초과해 멀리서 송전해와야 하는 실정이다.

제11차에서 2038년까지 신규로 필요한 발전설비는 10.6GW였다. 발전소 건설만 보면 그렇게 큰 부담이 아닐 수 있다. 한국의 전력인프라에 부담 요소는 송전망 부족이다. 송전망 부족은 수도권 전력수요 집중 및 미래 전력 시스템에 적합하지 않은 옛날 방식의 전력망 운영 방식을 오랫동안 유지한 탓이다. 근본적으로는 공기업으로서 한국전력의 전력산업 독점문제가 자리 잡고 있다. 오랫동안 해결하지 못한 문제인데, AI 시대를 맞아 해결해야 한다는 공감대가 생긴 게 달라졌다. AI 시대에 나라가 번영하고 국민 삶의 질을 개선하려면 꼭 해결책을 찾아야 한다.

전력 문제로 드러난 한국의 시스템 문제 해결 능력

1991년 대비 2022년 말 발전설비는 535%, 최대 전력수요는 377% 늘어났다. 이 시기 송전 설비용량은 153% 늘어나는 데 그쳤다. 32년간 153% 증가는 연평균으로 2.9% 증가다. 2000년대 이후로 송전망 건설이 훨씬 적었던 결과다. 한국의 송전망은 긍선(단순한 전선의 길이) 기준 2003년 2만 8,260c-km에서 2023년 3만 5,596c-km로 26%, 연평균 1.1% 증가했다. 한국전력은 2018년부터 5년간 6,504km 송전선로를 확충하겠다는 계획이었지만, 2023년까지 건설한 선로는 계획의 25%인 1,641km에 그쳤다. 송전망 건설 지연 사례로 동해안-신가평 HVDC 66개월, 북당진-탕정 150개월, 당진 화력-신송산 90개월이 꼽힌다. 한전 경영경제연구원(KEMRI)에 따르면 최근 5년 송전선로 건설은 표본 공정 대비 4년가량 지연돼 평균 13년이 소요됐다. 입지 선정(32개월→59개월), 부지 매수(24개월→45개월), 인허가 및 시공(41개월→62개월) 등 전 과정에서 표본 공정 대비 시간이 더 걸렸다.

이 사이 2008년부터 2013년까지 이어진 '밀양 사태' 이후 송전망 신규 건설은 주민반대운동과 여론 악화 등으로 지지부진했다. 고압선과 송전탑 건설에 지역주민의 반대 민원이 폭증하며 인허가가 지연됐다. 가까스로 인허가를 받아 건설에 들어가도 환경 훼손을 우려하는 시민단체의 반발을 쉽게 무시할 수 없다. 지자체도, 한국전력도 해법을 못 찾는 실정이다. 송전망 건설을 둘러싼 갈등이 10여 년이 넘었고, 이 정도면 어딘가 구멍이 생긴 게 이상하지 않다.

2010년대를 지나 2020년대로 접어들 때까지 당장 대규모 정전 같은 문제가 발생하지 않았기에, 송전망 건설 지연이 크게 문제가 되지 않았다. 상황이 달라진 건 출력제어나 송전 제약이라는 용어가 본격 등장한 2020년 이후부터다. 전력 계통에 편입된 재생에너지 발전소가 늘어났지만, 이를 전송할 전력망이 부족하니 발전소를 돌리지 못하는 발전 제약이 발생하기 시작했다. 처음 문제가 드러난 건 제주도였지만, 태양광 발전이 많고 더 건설될 여지가 많은 호남으로 확산되면서 시각이 달라졌다. 재생에너지 설치가 많은 호남 지역에 고압직류 전력망(HVDC) 건설 속도를 높이겠다는 이유다. 새 정부의 에너지 고속도로*도 같은 맥락이다.

송전망 건설 지연의 피해는 엉뚱하게 나타나기도 한다. 강원도에 연이어 준공된 석탄발전소들은 시민단체의 탈석탄 압박 때문이 아니라 송전선로 건설이 지연된 탓에 가동률이 떨어졌다. 동해안-신가평을 잇는 HVDC 건설 지연으로만 7GW의 송전 제약이 발생했다. 현재와 같은 구조에서 석탄 발전을 돌리지 못하고 LNG 발전으로 대체**하면서, 전력 생산 비용도 증가하고 있다.

원자력발전 출력제어(감발 운전)가 본격화된 것도*** 전력망에 대한 관심을 고조시켰다. 2025년 7월 한국수력원자력에 따르면 국내 원전의 출력제어는 2022년 4회, 2023년 7회, 2024년 7회, 2025년 들어 25회로 급증했다. 원전 출력제어는 재생에너지와 원전의 공존과 연관된 매우 중요한 이슈다. 재생에너지 경직성 보완, 분산 에너지 시스템 확산, 원전 유연성 제고를 위한 탄력 운전 상용화 기술 확보가 한국의 전력 계통

---

* 재생에너지의 안정적인 공급을 위한 인프라 구축 및 확산에 대한 비유적인 표현. 2030년까지 서해안을 시작으로 남해안, 동해안으로 확대하여 2040년까지 전국토에 U자형 에너지망을 구축한다는 구상이다.
** 물론 바람직한 건 태양광과 풍력으로 대체하는 것이다.
*** 2024년 3월에도 일부 원전의 출력을 줄여 운전했다. 전력거래소의 요청에 따라 한빛 1~3호기, 6호기 등 4개 원전의 발전 출력을 정상치(950~1000 MWe)보다 10~25%(125~250 MWe) 출력을 줄여 운전한 바 있다(건설신문 2023.10.4).

운영에 있어서 숙제다.

원전과 계통망 해결의 숙제에 비하면, 송전망 건설은 단순한 편이다. 단지 이를 해결하려는 공기업과 지자체의 책임의식이 님비(Not In My Back Yard) 현상을 극복하지 '못한'/'않은' 것이라 볼 여지가 있다. 한국의 시스템 문제 해결 능력이 드러난 것이다. 과연 해당 부처와 한국의 전력산업 전문가들은 책임을 다했을까.

> **여기서 잠깐**
>
> ## AI 전력인프라에서 앞서 달리는 중국
>
> KEMRI는 IEA의 중국, 인도, 미국, EU의 재생에너지 인프라 건설 속도 비교자료를 소개했다. 송배전망 신규 건설 프로젝트는 초고압 가공선이 5~13년, 고압 가공선이 4~8년, 배전 계통은 4년 이내다. 프로젝트 지연의 사유는 인허가, 주민 수용성, 설비 조달, 자금 확보 문제 등이다. 그런데 이 비교에서 중국의 건설 속도가 충격적이다. 고압 가공선 건설에 EU가 7년, 미국이 8년 정도 걸리는데 중국은 3년이면 끝이다. 초고압 가공선은 EU와 미국이 13년가량 걸리는데, 중국은 고작 4년이다. 한국은 초고압도 아닌 345kv 포함 최근 5년 동안 송전망 평균 지연 기간이 13년이니 EU나 미국보다도 느리다.

전력망뿐만 아니라 재생에너지 인프라를 확대하는 데서도 중국의 속도는 실로 엄청나다. 국가가 통제하는 사회 시스템이라서 가능한 속도다. 예전에는 중국이 '먹고살기 위한 전기 보급을 위한 거려니' 하면서 관심을 덜 둘 일이었지만 이제는 아니다. 이렇게 빠르게 확보한 에너지 인프라가 AI 경쟁력의 기본이 되어 딥 시크와 같은 모델로 전 세계에 충격을 주고 있기 때문이다.

2015년 발간된 《축적의 시간》에서 한국의 공학 분야 석학들은 한국 전기의 하드웨어나 인프라 같은 강전분야가 곧 중국에 추월당할 것이라 경고했었다. 10년이 지난 지금은 추월을 넘어 중국이 소위 '넘사벽'이 되어버린 듯하다. 하드웨어 경쟁력이 소프트웨어 경쟁력으로 연결되는 세상이다. 기득권과 님비로 물든 한국은 너무 느린 속도로 미래를 대비하고 있다.

중국에 놀란 건 미국도 마찬가지다. 미국에서도 중서부 대평원에서 생산한 풍력 전기와 남서부에서 생산한 태양광 전기를 수요가 많은 해안 지역으로 운반하려면 대대적인 전송 프로젝트가 필요한데, 이를 위한 장기 계획은 좀처럼 추진되지 않고 있다.* 중국을 방문한 미국 전력망 전문가 사이에선 미국이 전력망 약점 및 제도적 지연 문제를 해결하지 못한다면, AI 및 데이터센터 경쟁에서 중국에 뒤질 가능

- 바츨라프 스밀, 강주헌 옮김, 《세상은 실제로 어떻게 돌아가는가》, 김영사, 2023, 73쪽.

> 성이 있다고 진단했다. 중국이 전력공급 및 인프라 면에서 미국에 몇 단계 앞서 있다는 평이다. AI 데이터센터 확충을 위해 송전망 인허가, 전력 연결 등의 보이지 않는(invisible) 인프라의 빠른 개선이 전 세계 공통의 과제가 되고 있다.

더 많은 송전망보다, 더 똑똑한 발전 구조로

전력수요를 예측해서 발전소를 건설해도 송전망이 부족하면 신규 발전소는 접속 대기에 놓이게 되고, 기존 발전소를 포함해서 출력제어에 들어갈 가능성이 크다. 표면적인 발전 용량과 실제로 공급할 수 있는 전력량이 큰 차이가 나기 때문이다. 전력수요 대응에, 그리고 재생에너지 보급에 송전망 부족은 부정적 영향을 미친다. 전력망이 부족하면 재생에너지 발전소 가동부터 줄이라는 명령이 떨어지는 현실이다. 그뿐일까. 한국 기업의 RE100 대응도 걱정이다.

이 문제 해결을 위해서는 송전망 건설의 걸림돌을 제거해야 한다. 한국전력 홀로 해결하기 어렵다는 건 입증됐다. 한전과 주민 사이의 갈등에 인허가 주체인 지자체도 복잡하게 얽혀있고, 중앙정부도 적극적인 해결 의지를 보이지 못했다. 중앙정부가 송전망 부족을 다룰 기구를 만들어서라도 직접 해결에 나서야 할 필요가 있다.

다행스럽게도 22대 국회에서 〈국가 기간 전력망 확충 특

표 2-2 송전망 부족의 해결책

해결책	해결책의 성격	내용	비고
송전망 건설 확대 (+ 계획 이행)	직접적, 즉각적	• 장기 송변전망 투자 확대 • 한전에서 중앙 정부 주도로 주체 변경하여 주민, 지자체와 지연 문제 해결	• <국가 기간 전력망 확충 특별법> 국회 통과
지역 간 전력자급률 불균형 축소	직접적, 중장기적	• 수도권 태양광 등 발전소 확대, 지방에 대형 수요처 유치	• 용인 반도체 클러스터 강행으로 불균형 심화 • 새 정부 RE100 산단 유치 등 수급 불균형 해소 천명
분산전원 확대	간접적, 장기적	• 재생에너지 보급 증가, 기업들의 PPA 요구 확대 • 분산에너지 활성화 특별법 제정(2023)	• 한전의 독점문제와 충돌, 이해 상충 부각
피크 전력수요 관리	간접적, 궁극적	• 전력요금 인상과 피크수요 조절 • ESS 확대로 주야간 전력 수급 불균형 조절	• 전력요금 포퓰리즘 악용 근절 • ESS 확대를 위한 전력시장 제도 개편 필요

별법>이 통과됐다. 국가 기간 전력망이란 345kV 이상의 재생에너지와 원자력 전원의 연계 설비 혹은 국가 첨단산업단지 전력공급을 위한 송·변전 시설 중에서 특별위원회가 선정하는 설비다. 법안은 국무총리 직속 특별위원회를 만들고, 국가 기간 전력망 사업은 한전이 아닌 특위가 인허가나 주민 보상

등에 직접 나서도록 했다. 법안은 유틸리티 규모(대형) 재생에너지 발전소 확대와 신규 원전의 원활한 계통 연결을 염두에 뒀다.

송전망 건설은 막대한 비용이 든다. 한국전력은 2025년에 제11차 장기 송·변전 설비계획(2024~38)을 발표하며 총투자비를 72.8조 원으로 책정했다. 2023년 제10차 계획보다 16.3조 원이나 증가했다. 그런데 막대한 돈을 들여 적기에 송전망을 건설해도 수도권 전력 부족이나 AI로 인한 전력수요 증가 대응을 완벽히 해결할 수 없다. 언젠가 수도권에 전력공급을 늘려야 할 때, 또 송전탑을 올려야 하기 때문이다. 근본적인 해결책은 발전소 건설을 줄여 전력의 수송 수요를 줄이고, 송전망 건설 유인도 같이 줄이는 것이다.

수요를 분산하라: 자급률이 만든 새로운 균형

송전만 부족 문제는 어떻게 해결할 수 있을까?

첫째, 전력 자급률의 경우, 수도권은 올리고 지방은 내리는 방안이다. 수도권은 2022년 기준 한국 전력수요의 39.2%, 발전량은 24.3%를 차지한다. 행정구역별로 전력수요와 전력공급으로 자급률 통계를 낼 수 있는데 수도권은 67%로 가장 낮고, 최근 대형 석탄발전소까지 준공된 강원도가 196%로 가장 높다. 수도권은 그나마 인천에 LNG와 석탄발전소가 있어서 그 정도 수치를 유지하고 있다. 서울만 따지면 11%에 불과하다.

원자력발전소와 석탄발전소는 냉각과 원료 수급을 위해

바닷가나 드넓은 호숫가, 강가 등에 자리 잡는다. 바닷가에 대형 원전과 석탄발전소가 위치한 충남, 강원, 경남, 경북은 전기가 남는다. 수도권은 전기가 많이 부족하다. 멀리에서 전기를 가져와야 하니 비용이 증가한다. 송전망 건설 지연이 가장 심한 지역이 충남에서 수도권 사이다. 송전선이 통과해야 할 지역에 인구가 상대적으로 많아서 인허가 받는 과정에만 오랜 시간이 필요하다.

인구가 밀집한 비싼 수도권 땅에 대형 발전소 건설은 쉽지 않다. 대안이 아예 없는 건 아니다. 공장이나 대형 건물, 공공건물의 지붕에 태양광 패널을 설치하는 방법이다. 경기도가 추진 중인 '경기 RE 100'에서도 지역 산단은 태양광 발전 설치의 좋은 후보지다. 한편 전기가 남는 지역에는 대형 수요처 유치가 필요하다. 호남은 재생에너지 발전에 적합한 지역인데, 늘어나는 전력공급을 커버할 자체 수요가 없어서 수도권으로 전기를 보내야만 한다. 그런데 전력망 부족으로 자주 출력제어가 일어나면서, 결국 태양광발전소를 더 짓지 못하는 상황에 처했다. 호남에 데이터센터를 짓는다면 송전망 이슈를 근본적으로 줄이는 좋은 해결책이 될 수 있다. (새 정부는 이런 사실을 캐치하고 있어서 출범하자마자 정책 밑그림들이 수면 위로 부상하고 있다. 호남에 RE100 산단 조성도 한 가지 예다.)

2025년 2월 말 기준, 한국의 데이터센터는 민간 85개, 공공 68개로 총 153개다(매일경제신문). 서울에 45개, 경기에 37개, 인천에 8개로 수도권에만 90개가 모여 있다. 59%의 비율이다. 재생에너지 자원이 풍부하고 전력이 남는 전남에는 5개, 경남에는 3개뿐이다. 한국의 수도권 집중은 데이터센터에서도 비슷한 모습이다. 자원의 낭비가 안타깝다. 분산에너지 활성화 특별법이 시행되면서 대용량 전력 소비 시설을 건설할 때 전력 계통 영향 평가 시행이 의무화됐다. 수도권 데이터센터 과밀화가 어느 정도 억제될 수 있을지 관심사다. 분산을 더욱 장려하려면 유인책이 필요하다. 민간 발전사업자, 데이터센터 사업자의 목소리에 귀를 기울여야 한다.

그런데 지역별 전력 수급 불균형과 송전망 건설 지연 논의가 한창이던 2023년에 윤석열 정부는 경기도 용인 일대에 반도체 클러스터 조성 계획을 발표했다. 반도체 클러스터에 10GW의 전력공급이 새롭게 필요하고, 송전망 건설로 7GW, 신규 LNG 발전소 6기 건설로 3GW를 충당하겠다는 복안까지 밝혔다. 송전망 7GW는 호남선 송전망 연결과 경북, 동해안으로부터 HVDC 송전망 건설이 중심이다. 업체들의 RE100도 고려해서 단지에 유틸리티 규모의 태양광을 건설하면 좋겠지만, 화석연료 LNG 발전소를 새로 짓는다(재생에너지로 가능하다는 시민단체의 반론도 나오고 있다). 삼성전자와 SK하이닉스, 반도체 소재·부품·장비 업체들이 고심한 최적 입지가 용인 일대일 것이다. 하지만 전력망 이슈 관점에서 보면 용인 반도체 클러스터는 공급이 부족한 지역에 대형 수요처를 새로 들이고 전력망을 멀리 외부에서 연결해야 하는, 전력 자급률과 송전망 부족 문제를 악화시키는 결정이다.

MZ 세대, Gen Z 세대에 '남방한계선'이란 말이 있다. 서울에서 멀리 떨어진 남쪽 지방에 있는 회사로는 취업하지 않겠다는 말이다. 삼성전자 경우는 평택이 한계라고 한다. 출퇴근 버스가 빨리 달릴 수 있는 버스 전용차선이 평택까지다. 반도체 클러스터가 호남으로 내려가지 못하는 하나의 이유다.

두 번째 대안으로 분산전원이나 소규모 독립형 전력망(Micro grid)도 생각할 수 있다. 분산전원은 대규모 중앙집중식 발전소 대신 전력 소비 지역 인근에 재생에너지 중심의 소규모 발전설비를 분산하여 설치하는 것이다. 분산전원은 중앙전력망과 독립적으로 또는 연계하여 운영할 수 있다. 개념적으로 대규모 송전망이 필요 없기에 현재 한국이 겪고 있는 송전망 제약 상황에서 대안으로 각광받고 있다. 분산전원은 이십여 년 전 스마트그리드˙가 부상했을 때부터 언급된 개념이지만 최근 현실성이 부쩍 높아졌다. 송전망 문제 외에도 산업용 전기요금이 계속 오르자 직접 발전소를 건설하는 대형 수요처가 하나둘 늘고 있고(SK가스, 현대제철, S-Oil 등), RE100에 가입한 회사들이 직접 재생에너지 확보에 나서고 있기 때문이다. 그리고 재생에너지 발전원가 하락에 따라 에너

• 차량소통이라면 일방이 아닌 양방통행의 지능형 전력망. 전력수급의 독립성도 요건으로 보는 시각이 우세해 사실상 분산전원과 같은 개념이다.

지 가격 균형점(그리드패리티)*이 가까워지고 있다는 사실도 분산전원 확산 가능성을 높이고 있다. 한국은 아직 재생에너지가 부족하고 가격이 비싸다. 진작에 재생에너지 보급을 늘렸다면 분산전원도 활성화됐을 수 있고, 지금 송전망 문제도 훨씬 수월하게 대처할 수 있었을 것이다.

정부는 2023년에야 〈분산에너지 활성화 특별법〉을 제정했다. 통합 발전소 도입, 분산에너지 설치 의무제도, 전력 계통 영향 평가, 분산에너지 특화 지역 설정 등이 주요 내용이다. 전력 계통을 안정적으로 운영하고 지역별 불균형 문제를 해결할 방안으로는 '에너지 생산·소비의 지역 단위 에너지시스템 구축'이 제시됐다. 법 제정 이후 사업자(공급자)와 설치를 고민할 수요자 모두에게 있어 분산에너지 활성화의 관건은 경제성이다. 새 정부의 RE100 산단 지방 유치 아이디어는 대형 전력수요처 이전으로 분산에너지를 활성화하겠다는 뜻이다. 건설 단계에 다양한 지원으로 에너지 가격을 낮추고, 전력 판매가격 결정에 사업자의 자율성을 확대해서 전반적인 사업성을 키우는 노력이 필요하다.

- 화석연료 발전단가와 신재생에너지 발전단가가 같아지는 시기를 말한다. 현재 신재생에너지 발전단가가 화석연료보다 월등히 높지만, 각국 정부의 신재생에너지 육성 정책과 기술 발전에 따라 비용이 적어지게 되면 언젠가는 등가(parity) 시점이 올 것이란 전망이다(기획재정부 2020.11).

피크 수요를 낮추는 해법과 ESS의 귀환

다음 해결책은 근본적인 방법으로 전력 피크 수요 감축이다. 주변을 살피면 전력수요 줄이기는 쉽지 않아 보인다. 해를 거듭할수록 기승을 부리는 더위는 에어컨 사용을 늘린다. 탈 탄소를 위한 산업의 전기화, 전기차 보급, 그리고 AI의 확산까지 생각하면 어떻게 줄이냐는 푸념이 나온다. 여기에서 말하는 전력수요 감소는 전력 사용량 총량이 아니라 최대 전력수요를 줄이자는 의미다. 하루 중 전력수요 패턴의 모양을 뾰족한 산이 아닌 완만한 구릉으로 만들면 된다. 즉, 오후 특정 시간에 정점을 형성하는 전력수요를 다른 시간대로 분산시켜 하루 중에 시간별 전력수요의 편차를 줄이는 것이다.

피크 전력수요가 낮아지면 발전소를 덜 지어도 된다. 수요 분산은 전기요금에 달려 있다. 한여름 낮에 비싼 전기요금을 피해 에어컨 설정 온도를 몇 도 올리거나 세탁기나 탈수기 사용을 피하도록 전기요금을 다시 설계해야 한다. 러·우 전쟁 여파로 발전 연료인 LNG의 가격이 크게 오르면서 한국 전기요금도 크게 인상되었다. 그래도 한국은 세계에서 가장 전기요금이 낮은 나라로 꼽힌다. 특히 주택용 전기요금이 낮다. OECD 평균보다 37%, 일본보다 50%, 미국보다 18% 저렴하다. 한국의 주택용 전기요금은 2015년부터 2019년까지 15%나 하락했었다. 2018년 더위를 겪으면서는 전기요금 누진제 단계를 축소했다. 주택용 전기요금 인하였다. 전기요금 누진제는 한전의 폭리를 보장하는 꼼수가 아니라 전력 소비 절감과 피크 수요 분산을 위한 유인책이다. 포퓰리즘 물결에 제대로 토론도 못 해보고 유명무실해져 버린 것이 아쉽다. 한국전력은 실적 감소 요인으로 볼멘소리를 했지만, 사실 발전소를 더 짓는 결정이기 때문에 조직의 이해 차원에서 내심 찬성했을 수 있다. 명동 거리에는 여전히 에어컨을 낮은 온도로 최대한 켜고 문을 연 채 장사를 하는 가게를 많이 볼 수 있다. 낮은 전기요금, 정확하게 전기요금 왜곡은 자원 배분에 비효율성을 초래하여 국가 경제에도 바람직하지 않다. 수요 절감을 위한 피크 시간대 전기요금 인상은 국민 설득이 쉽지 않고, 한전 직원들에게도 좋은 일이 아니지만, 국가경쟁력을 위해선 해내야 할 숙제다.

발전소 덜 짓기를 위해서, 그리고 재생에너지 확대를 위해 또 하나의 방법이 있다. 에너지 저장 장치(ESS, Energy Storage System)를 크게 늘리는 것이다. ESS는 발전소에 생산된 전기를 저장했다가 나중에 전력망에 흘려보낼 수 있는 장치다. 재생에너지는 하루하루 균일하게 전력을 생산할 수 없기에 ESS가 있으면 유연하게 대응할 수 있다. 지금 한국은 하루치 전기도 저장할 수 없다. 분산전원처럼 ESS의 필요성 주장도 잊을 만하면 제기됐다. 더 아쉽게도 한국은 ESS용 이차전지의 제조강국이지만 정작 ESS 보급은 정체돼 있다. 도입 초창기에 ESS 화재 사건이 발생하면서, 안전을 이유로 ESS 설치를 주저했다. 민간 전력 시스템 운영자들도 ESS를 활용하여 돈을 벌 수 있는 제도가 미비하다 보니 사업 확장에 애를 먹었다. 시간대

별 차등 요금이 약해서 싸게 사서 비싸게 파는 차익거래 시장도 형성되기 어렵다. 한밤에 남는 싼 전기를 저장했다가 한낮에 비싸게 팔 수 있는 거래시스템이 활발히 작동하면 해결된다. ESS가 확충되면 한낮의 짧은 피크 전력에 대응코자 필요한 발전소도, 생산한 전기를 전달하기 위한 송배전망도 덜 만들어도 된다.

전원 출력의 예측성이 떨어지는 태양광과 풍력발전소가 늘어났다. 전력망 안정성 강화를 위해 한국전력은 백업 설비를 늘리려 하고 있다. 대표적인 백업 설비는 양수발전소와 오랜 시간 저장할 수 있는 장주기 ESS다. 백업 설비 추가 방안도 난관이 있다. 양수발전은 남는 에너지로 물을 끌어 올려 전기가 필요할 때 방류하여 전기를 생산한다. 양수발전소는 한번 건설되면 80년 이상 쓸 수 있다. 기존 설비에 현대화 사업을 위한 설비를 보강하면 신규 건설의 단점인 높은 비용과 긴 공기 문제도 해결할 수 있다. 실제로 한국수력원자력, 한전 화력 발전자회사, 수자원공사들이 신규 양수 건설을 계획하고 있고, 일부는 이미 제11차에 반영됐다. 다만 현재 한국에 있는 양수발전소는 모두 200~300MW급 고정속 대형 양수 발전기다. 이 발전기들은 '재생에너지 발전소 인근에서 소규모로 지어져 해당 재생에너지 발전원의 간헐성을 극복한다'라는 목적으로 설계된 발전기가 아니다. 전체 계통에 안정성을 보강하는 발전기다. 아울러 고정속 양수는 응답성 측면에서 리튬이온 배터리에 미치지 못한다. 이를 극복하기 위해 다양한 소

규모의 양수발전소를 건설하려 하지만 100MW 이하 양수발전소의 경우 의외로 수차와 터빈 같은 핵심기술에서 국산화 기술개발이 되어 있지 않다. 양수발전소 핵심기술은 독일이나 오스트리아 기업들이 보유하고 있다. 최근 들어 유럽에서도 재생에너지 확대에 따라 양수발전이 인기를 모으면서 한국의 양수발전소 입찰에 들어오는 정도가 과거에 비해 뜨겁지 않다.

장주기 ESS 역시 기술개발 이슈가 있다. 한국 이차전지 업체들은 NCM(삼원계) 계열이 많고 한때 ESS 시장의 주류였다. 중국은 LFP(인산철) 계열 위주다. 현재 글로벌 시장의 ESS 채택 흐름은 LFP가 NCM을 추월했고, 장주기 ESS는 LFP와 바나듐의 경쟁 구도로 흘러가고 있다.* 발전 백업 설비는 재생에너지 확대에 따라 새롭게 전력시장의 주요 기반과 기술로 자리 잡고 있다. 한국은 기술 경쟁 구도에서도 한 발 뒤처져 있다. 정부는 하루빨리 ESS를 더 많이 활용할 수 있도록 전력시장을 개편하고 기업들에게 기술개발의 동인을 제공하도록 할 필요가 있다.

- NCM은 양극재에 니켈, 코발트, 망간을 사용하고 에너지밀도가 높지만, 가격이 비싼 것이 단점이다. LFP는 에너지밀도가 낮지만 안전성이 뛰어나고 저렴하다. 바나듐은 화재위험이 없지만 초기 개발비용이 상당하다. 대규모 장주기 ESS에 적합한 것으로 알려져 있다.

산업화 시대의 틀에 갇힌 한국의 전력산업

한국의 송전망 문제를 극복할 방법은 전력 자급률, 분산, 전기요금, ESS다. 한국 전력산업의 근본적인 문제는 미래 전력 시스템에 적합하지 않은 경직적인 옛날 방식의 전력 시스템 운영이다. 이 방식의 폐해가 지금 송전망 부족, 송전 제약, 출력 제어, 비용 증가로 나타나고 있다.

한국은 공기업 한국전력과 6개 발전자회사가 발전부문의 약 60%(2023년 발전량 66.6%, 발전용량 57.3%), 송배전 100%를 담당하고 있다. 산업화 시대에 한국전력의 주 임무는 저렴하고 안정적인 전기 생산을 통해 국가 전략 육성 산업을 지원하는 것이었다. 목표는 선명했고 의사결정도 비교적 단순했기에 공기업 경영방식이 장점으로 발휘됐다. 목표대로 1970년대부터 80년대에는 발전원가를 낮춰줄, 기저 발전원 석탄발전소와 원자력발전소가 속속 준공됐다. 중앙집중적인 망 운영으로 송배전 손실률이 세계 최저 수준일 만큼 효율적으로 운용됐다. 안전을 생각하면 이제는 조소할 대상이겠지만 90년대에는 원전 이용률이 90% 중반을 넘어 세계 1위라고 자랑하기에 이르렀다. 한국전력은 산업화 시대의 소임을 100% 이상 달성했다.

문제는 2000년대부터다. 정보화 시대에 본격 진입하면서 정보통신산업은 변화로 분주한데, 한국 전력산업의 시계는 느리게 흘러갔다. 전력산업 구조개편은 2000년대 초 발전자회사만 물적 분할을 한 미완성인 채로 20년 이상 흘렀다. 분산전원도 2000년대부터 필요성이 거론됐지만, 법 기반을 마련한 건 이십 년이 지난 2023년이었다. 법은 마련됐지만, 활성화가 잘 될지 의심하는 시각은 여전하다. 중앙집중형 전력망을 토대로 성장해 온 한국전력 내부에서 분산전원 도입을 조직 와해 빌미로 받아들이는 시각이 적지 않기 때문이다.

전기요금 운영 방식도 20여 년 전과 차이가 없다. 2000년대부터 제기한 '연료비 연동제'도 2020년에나 도입됐다. 기후환경요금까지 신설됐지만, 답답함을 토로하는 목소리는 잦아들지 않았다. 예측할 수 있는 원칙에 입각한 요금제 '운영'이 핵심인데, 원칙과 제도를 도입해도 운영은 파행적이기 때문이다.

2022년부터 전기요금이 50% 이상 인상됐지만, 최근 몇 년간 일련의 전기요금 인상도 전기요금 운영 원칙을 따른 게 아니라, 차입금 때문에 부랴부랴 이루어진 것이다. 한국전력의 연결 기준 차입금은 2020년부터 4년 만에 60조 원 이상이 증가해 2024년 말 130조 원을 넘어섰다. 차입금 비율은 조금 낮아졌지만 319.6%였다. 흑자를 내고 있음에도 2024년 9월의 산업용 전기료 9.7% 요금 인상도 차입금 때문이다. 재무구조가 차입에 의존할 수 있는 한계를 넘어선 상태이므로 영업을 통해 잉여현금을 만들어 줄여나가야 한다. 순이익이 흑자더라도 만들어내는 현금흐름이 설비투자비를 충당하지 못하면 차입금은 늘어난다. IR 자료에 따르면 2024년 설비투자는 16.8조 원이었고 2025년 예상은 19.4조 원, 2026년 22.1조 원

표 2-3 한국전력 및 발전 6사의 차입금 비율(단위: %)

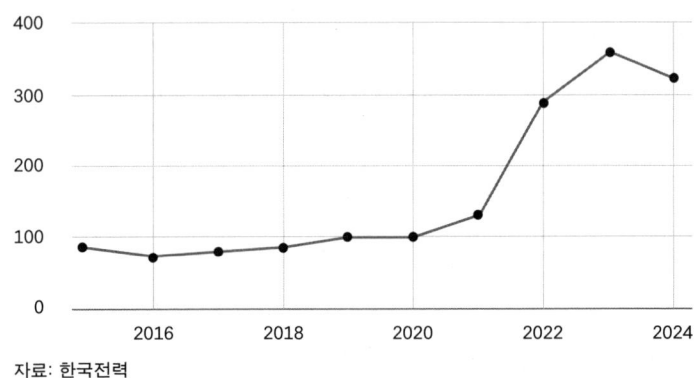

자료: 한국전력

표 2-4 주택용과 산업용 연도별 평균 판매단가(단위:원/KWh)

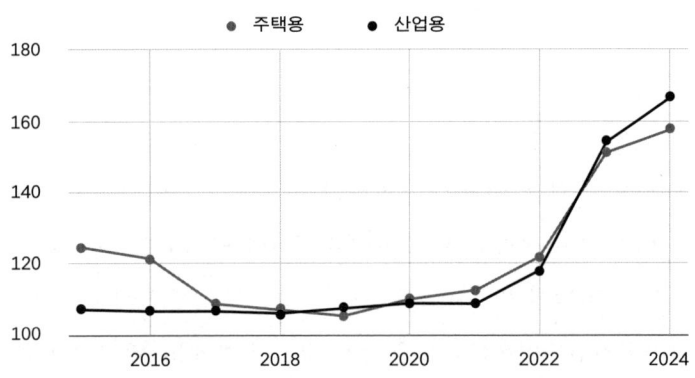

자료: 한국전력 전력통계월보

으로 늘어난다.

    꼭 짚고 넘어가야 할 사건이 있다. 2022년 가을 한국 금융시장은 자금 경색을 경험했다. 멀쩡한 기업들의 회사채가 채권시장에서 부도 위험 때문에 소화되지 못했다. 금리가 급등하고, 기업은 발을 동동 굴렀다. 방아쇠를 당긴 건 강원도시개발공사의 PF 채무 불이행 선언이었다. 하지만 채권시장의 불안을 키웠던, 소위 빌드업을 한 건 그해 내내 현금 부족으로 막대한 회사채를 찍어댄 한국전력이었다. 채권시장에서 회사채를 살 자금이 한전으로 흘러 줄어든 상태에서 신용 이벤트가 터졌고, 금리가 폭등했다. 전기요금의 파행적 운영이 국가 금융시장 위험으로 전이될 수 있음을 보여준 사건이었다. 이후 한전은, 아니 정부는 전기요금을 올리기 시작했다.

AI가 만든 반전의 기회

송전망 건설 지연은 한국 전력산업의 현주소다. AI 성패와 국가 기후 경쟁력에 전기가 중요해졌는데 변화가 느리다. 정전 없는 운영과 전력 생산비용 감축이란 산업화 시대 목표 도달 후에 한국 전력산업은 멀리 나아가지 못했다. 비유하자면 정보통신은 LTE, 5G로 갔는데 전력은 2G, 3G에 머물렀다. 에너지 공기업의 거버넌스, 전력산업 미래를 읽는 리더십 부족, 공기업 특성상 혁신보다는 안전이 우선하는 심리, 탈중앙화와 시장화에 대한 한전의 교묘한 방해 전술이 느린 변화의 이유다. 우울한 와중에 희망이 있다면 한전을 둘러싼 문제의 주요 원인이 기술적 한계와 같은 극복 불가능한 사안이 아니라, 다분히 조직 운영 측면에 있다는 사실이다.

오래 끌어오던 에너지 3법(전력망 확충·고준위 방폐장·해상풍력 특별법)이 2025년 2월 국회를 통과했다. 만약 기후 경쟁력만을 들어 입법이 필요하다고 주장했다면 여전히 통과가 쉽지 않았을 것이다. 송전망 부족, 원전 가동에 켜진 빨간불과 같은 문제를 더는 방치할 수 없었던 게 컸다. 결정적으로 AI로 인한 전력수요 증가 전망이 큰 역할을 했다. AI 경쟁력 이슈로 전력인프라의 중요성을 깨닫게 된 건 다행이다. 기후 경쟁력 관점을 더 녹여야겠지만 AI 경쟁력을 위해서라도 전력과 에너지산업 관련 법안과 제도를 조속히 처리하고, 필요한 추진 기구도 설립하여 전력산업에 내재한 문제를 빠르게 해결할 수 있기를 희망한다. 초점은 전력산업의 개혁이고, 전력산업은 사실상 한국전력이다.

한전 문제의 속사정: 공공기업 거버넌스와 책임

한국전력은 상장 에너지 공기업이다. 상장 에너지 공기업의 경영은 공공성과 기업가치 극대화가 충돌하곤 한다. 지배주주인 정부와 일반주주인 투자자의 이해가 다르기 때문이다. 보통 지배주주의 뜻대로 흘러간다. 이런 이유로 주식시장에서 기업가치는 낮은 평가를 받는다.

일반주주 시각에서 이해하기 어려운 주제가 전기요금 결정이다. 마땅히 올려야 할 시점에 경제 상황을 참작한다며 유보하곤 한다. 경제 상황이라고 하지만 정치 상황일 때가 더 많다. 선거를 앞두고 전기요금 인상은 어렵다는 게 지배적인 생각으로 자리를 잡은 지 오래다.

한국전력의 이사회는 총 14명이고 사내이사 6명, 사외이사 8명으로 구성돼 있다. 노동이사까지 선임했다. 한국전력 이사회 의장은 사외이사(앞으로 명칭은 독립이사)로 전력 계통 운영위원회 위원장을 겸임한다. 회사는 이사회 인력을 공공, 학계, 경제계, 법조계, 산업계에서 골고루 구성하여 전문성 측면에서 외형적 요건을 갖춘 듯한 모습을 보인다. 외형적 구조는 그럴 듯하지만 속을 들여다보면 답답하다. 경제계로 분류된 4인이 모두 사내이사인데 이들은 한전 전임 임직원이다. 한전 이사회는 회사의 지속가능한 성장에 이바지할 수 있는 전기요금 결정에 허수아비라고 해도 과언이 아니다.

지배구조 전문가들은 상장 에너지 공기업들에 대해 사내이사의 전문성, 사외이사의 독립성, 의사결정기구로서 이사회의 기능에 꾸준히 의문을 표해왔다. 해결책으로 이사와 CEO의 전문성에 대한 평가, 이사회 논의 내용의 자세한 공시(지금은 안건 제목 정도만 알 수 있다), OECD 공기업 반부패 및 청렴 가이드라인 준수를 주장한다.

중요한 건 한전 거버넌스의 영향이 후진적인 전기요금 결정에 그치지 않는다는 점이다. 이제 AI와 같은 미래 국가경제의 의제, 또 탄소중립 실현의 인프라로서 전력시장의 혁신이 절실한 상황인 만큼 한국전력 독점구조에 큰 수술이 필요하다. 예를 들어, 데이터센터 유치에는 분산전원 활성화가 해답이지만 한국전력 기존 조직에는 달갑지 않을 수 있다. LNG 중심으로 IPP 사업을 하는 대기업도 RE100과 같은 재생에너지 확대 드라이브가 반갑지 않다. 전력산업의 복잡한 이해관계 속에서 미래지향적 의사결정을 주도할 새로운 기구가 필요하다. 이재명 정부는 어떤 기구가 어느 정도의 독립성과 권한을 부여받아 어느 선까지 의사결정을 할 수 있을까에 대한 논의를 서둘러야 한다.

> **여기서 잠깐**
>
> ## 두 개의 KEPCO, 한국전력과 간사이전력
>
> 2024년 초의 기억을 되살려 본다. 일본 주식시장 강세 소식을 많이 접하던 시기였다. 해외 증시에 투자하는 저변이 넓어졌는데, 수익률을 비교하는 주식시장의 앵글에 한국 시장 대비 월등한 일본 시장의 수익률이 포착됐다. 당시 금융당국이 일본을 벤치마크 삼아 '밸류업 프로그램'을 제시하면서 일본 증시 기사가 언론 지면에 자주 등장했다. 처음에는 일본의 주주가치 제고 성공담이 신선했다. 하지만 자주 듣다 보니, 그리고 한국 밸류업 프로그램이 지지부진해지면서 일본 증시 소식에도 차차 피로감이 들던 차였다.
>
> 그러던 어느 날 우연히 일본 전력 유틸리티 기업의 주가가 크게 오른 걸 발견했다. 2024년 6월 기준 1년 동안 일본 주요 유틸리티 회사들의 수익률은 홋카이도전력 186.8%, 큐슈전력 110.7%, 도쿄전력 86.8%, 간사이전력 75.7%, 주고쿠전력 31.3% 순서였다. 주가를 찾아보고 나서 당황스러웠다. 현역이 아닌 전직 유틸리티 애널리스트 입장이지만 직업

본능이 남아있었는지, '놓쳤다'라는 생각이 스쳐 지나갔다. '유틸리티는 맨날 똑같아'라는 인식이 스며들어 일본 증시가 오르는데 유틸리티에 대한 관심을 두지 않았다.

사랑받는 KEPCO는 '한전' 아닌 '간사이전력'

일본 유틸리티가 날아오르는데 한국이 어떤지, 다르면 왜 다른지 알아볼 차례였다. 비교 대상은 일본 간사이전력과 한국전력이다. 일본의 유틸리티 하면 원래 도쿄전력이지만 시가총액 1위, 명실상부한 일본 유틸리티 업종 대표주는 간사이전력이다. 한국전력과 간사이전력, 공교롭게도 두 회사의 영문 약자는 KEPCO로 똑같다. 2024년 6월 기준으로 과거 5년 동안 한국의 KEPCO가 22.6% 하락할 때, 일본의 KEPCO는 116.5% 상승했다. 한국의 KEPCO 주가가 5년간 거의 제자리지만, 일본의 KEPCO는 2023년 상반기에 크게 오르고 한 차례 호흡을 가다듬고 2024년부터 다시 상승세를 보이고 있었다.

외국인 투자자의 에너지 연관 상장 기업의 지분율 변화에는 해당 기업의 넷제로 전환, ESG 대응에 대한 평가가 반영된다. 글로벌 자산운용 규모 선두를 다투는 블랙록과 뱅가드는 일본의 KEPCO 지분율을 올렸다. 세계 최대 규모의 연금펀드인 노르웨이 투자은행(Norges Bank Investment Management: NBIM)은 2023년 말 새롭게 일본의 KEPCO 주주로 등장했다. NBIM은 2017년에 석탄 투자를 이유로 한국의 KEPCO를, 2023년에 미얀마 가스전을 이유로(ESG

의 S, 사회 이슈) 한국가스공사를 펀드에서 지운 바 있다. 극명한 대조다. 한국 KEPCO의 외국인지분율은 2018년 6월 28.9%에서 2024년 6월 14.7%로 거의 절반이 줄었다. 아시아에 투자하는 외국인들, 특히 최근 5년여 정도의 비교적 짧은 경력을 지닌 펀드매니저들에게 아시아의 대표 유틸리티 KEPCO는 한국전력이 아닌 간사이전력이다. 서글픈 일이다. 한국의 KEPCO를 오랫동안 담당했던 이로서 소중한 걸 잃는 느낌이었다.

"한전 주가가 뭐가 중헌디?" 라는 분들께

한국전력 주가가 답답한 흐름이었던 게(2024년 6월 기준으로) 최근 몇 년의 일이 아니다. 고작 1년여 동안 일본의 비교군 회사 대비 못 오른 게 대수냐고 생각할 수도 있겠다. 과장도 호들갑도 아니고 정말 대수라고 생각한다. 한국전력의 주가에 우리나라의 현재와 미래가 많이 담겨있다고 볼 수 있어서다.

일본 유틸리티 회사들의 주가 상승 이유는 ▲ 전력 스프레드(전력 판매단가와 연료비의 차이) 개선으로 실적 개선 기대 ▲ 일본 경제와 증시의 분위기 ▲ 밸류업의 역할, 즉, 넷제로 전환 투자와 주주환원 간 균형(자본 배치 전략)에 대한 긍정 평가 ▲ AI 발 전력수요 증가로 유틸리티도 '성장'을 이야기할 수 있게 바뀌고 있는 환경이다. 이런 요인이 한국에는 잘 작동하지 않는 것이다. 그 이유를 네 가지 정도에서 찾을 수 있다.

- **전기요금의 예측 가능성, 그리고 거버넌스** : 한국전력도 전기요금을 올렸다. 연매출액이 2021년 60.6조 원에서 2024년 93.3조 원으로 50% 이상 점프했다. 거의 전기요금 인상 때문이다. LNG 수입 가격은 일본과 유사한 만큼 한국전력도 전력 스프레드 개선 요인은 해당한다. 하지만 한국전력 주가는 별로 움직이지 않는다. 전기요금 운영에 대한 의심, 즉 원가 변화를 체계적으로 반영할지에 대한 의심이 투자자 사이에 뿌리 깊게 자리 잡고 있기 때문이다. 분기 실적에 조 단위 적자가 이어지니 2022~23년에 마지못해 뒤늦게 올렸을 뿐이다. 주가는 앞으로가 중요한데 늘어난 부채에 대한 대책도 없고 아무도 어떻게 될지 모른다. 연료비 연동제를 믿고 주식을 샀다가 정부가 '표'를 생각하며 전기요금을 올리지 않는 바람에 투자자들은 목덜미를 잡고 떠났다.
- **경제와 증시 환경** : 2024년 6월 기준, 한국 경제 전반과 증시의 분위기는 썩 좋지 않았다. 구조적 이슈가 문제였다. 출산율 쇼크로 '큰일 났다'라는 분위기가 형성됐다. 인구는 잠재성장률을 가른다. 한국 증시의 장기수급도 녹록지 않아 보였다. 한국 증시의 큰손은 국민연금인데 연금 모수 개혁이 지연되는 가운데 기금운용 포트폴리오에서 한국 주식을 적어도 적극적으로 늘리지는 않을 것 같았다(2025년 3월 여야는 모수 개혁에 합의를 이루었고, 보험료율 상승으로 국내 주식에 투자가 늘어날 가능성이 커졌다).
- **밸류업** : 밸류업 프로그램이 2024년 6월에도 조금씩 약효

를 내고 있었지만, 유틸리티 업종은 아니었다. PBR이 낮기만 했지, ROE 예측이 안 되기 때문이다. 누적된 차입금 때문에 순이익이 발생하더라도 주주환원 정책을 펼치기 쉽지 않다고 보였다. 넷제로 전환 투자를 긍정적으로 평가하는 인식 변화는 기대할 수 없었다.

- AI발 전력수요 : AI발 전력수요 증가, 한국도 해당한다. 다만, 한국전력 주가에 긍정적이라고 보지 않는 게 큰 차이다. 제11차 전력수급기본계획 실무 안에서는 AI발 수요 전망 상향 폭이 일본보다 높지만, 주가는 별다른 반응이 없었다. 언제 적자로 전환될지 모르니 한국전력의 전력수요 증가로 인한 매출액 증가를 호재로 받아들이지 않는다고 봐야 한다.

'Sell KEPCO'는 곧 'Sell Korea'다

철강이 산업의 쌀이라 불리던 시절이 있었다. 이제는 AI 때문에 반도체를 산업의 쌀이라고 부르는 게 옳다. 그런데 반도체가 잘 되려면 전력이 필수다. 이름도 필수 공공재인 유틸리티 아니던가. 원래 국가의 필수 인프라였는데 이제는 AI, 그리고 기후변화 대응의 핵심 인프라가 됐다. AI에 따라다니는 키워드가 데이터센터와 전력이면, 탄소중립에 항상 따라다니는 키워드가 전기화(Electrification)다. 여러 통계에서 한국은 전기화 대응이 늦었음을 보여준다. 국가의 탄소중립을 완성하려면 전기에너지보다 난제인 열에너지 전환 대책도 고민해야 하는데, 이미 태양광, 풍력이란 해법이 나와 있는 전기에너지에서도 한국은 몇 걸음 나가지 못하고 있다. 한국은 탄소중립 시나리오를 보면 최종에너지에서 전력의 비중이 2050년에는 2018년보다 두 배 이상 증가한다고 돼 있다.

전기화는 한전만 잘한다고 가능한 일이 아니다. 철강, 시멘트, 플라스틱 생산, 해운과 항공에 쓰이는 막대한 화석연료 에너지를 전기로 대체하는 건 대대적인 산업구조 전환이다. 하지만 전기화라는 고민의 중심에 한국전력이 있음은 분명하다. 한국전력의 책임은 재생에너지 확대, AI 시대에 필요한 인프라 확충, 기후금융과 기후기술 육성 지원까지 포함한다. 중요한 국가 과제를 주도해야 하는 한국전력이 외려 걸림돌이 될 지경이다. 전력산업 구조개편이라고 부르지 않더라도 전기요금, 거버넌스, 경쟁 도입 등의 주제로 한국전력과 전력산업의 변화 필요성은 많이 논의되고 있다. 여기에 '한국전력이 국가의 밸류업을 막고 있지 않은가?'까지 생각해 볼 때다. 유연하면서도 강건한 전력망이 그 나라 산업의 기초 경쟁력이 되고 있기 때문이다. 낮은 전기요금과 정전율이란 과거의 자랑거리에 멈춰있으면 안 된다.

한국의 KEPCO는 전반적인 기후 경쟁력 강화, 예측할 수 있는 정책(전기요금, 주주환원) 운영과 같은 '시대의 가치'에 소홀했다. 지금까지는 기업 단계지만, 누군가에게 KEPCO가 한국의 응축된 현재라고 느껴지는 순간 'Sell KEPCO'가 'Sell

Korea'로 둔갑하는 건 시간문제다. 두려운 일 아닌가. 이 걱정은 '코리아 프리미엄'을 외치는 새 정부 출범 2025년 하반기에도 여전하다.

3장

한국 기후정책의
맹점: 전력

기후위기, 우리는 준비하지 못했다

기후위기는 호들갑이 아닌 과학적 현상이다. 기후변화에 관한 정부 간 패널(IPCC)은 2023년에 기후변화 원인 논란에 마침표를 찍을 수 있을 만큼 잘 정리된 내용의 제6차 평가보고서를 발간했다. 내용은 한 줄로 요약 가능하다. 2011~2020년 지구의 평균 온도는 산업화 이전(1850~1900년)에 비해 1.09℃ 올랐고, 지구온난화의 원인은 '의심의 여지없이' 인간 활동이 그 원인이다.

세계기상기구(WMO)는 '기후 현황' 보고서를 매년 발간한다. 2025년 3월 보고서의 내용은 충격적이다. 2024년, 전 세계 평균 지표면 온도가 1850~1900년 평균보다 1.55 ± 0.13℃ 높은 것으로 기록돼, 산업화 이전 시대보다 1.5℃ 이상 높은 첫해가 될 가능성이 높다고 적었다. 175년 관측 기록 중 2024년이

표 3-1 1850년부터 2024년까지 연평균 지구 평균 기온 변화

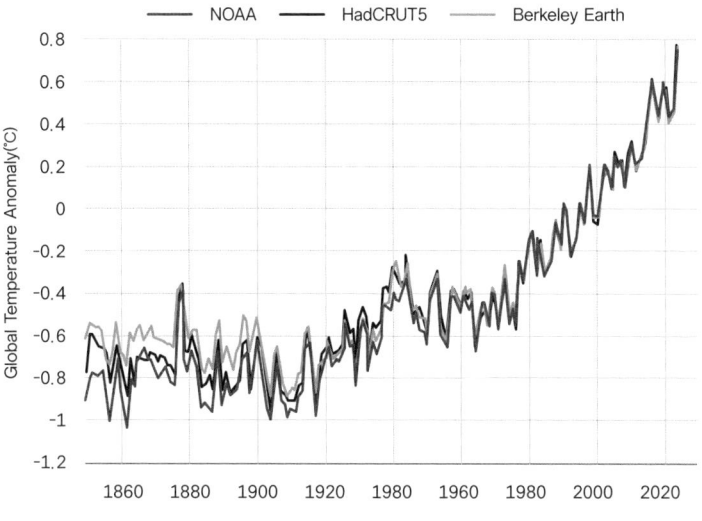

주: 1850~1900년까지의 평균값을 기준으로 이후 데이터를 비교

가장 높은 온도를 기록한 해인 것이다. 그래프를 보면 1960년대부터 지구 온도가 본격 상승하기 시작했다. 특히 2023년과 2024년에 가파르게 상승했다. 지난 2015년 국제사회는 프랑스 파리에 모여 지구의 온도 상승 폭을 산업화 이전 대비 1.5℃, 최대 2℃로 막겠다는 목표를 설정했다. 이를 위해 국제사회는 지구가 탄소중립에 도달하는 시기를 2050년으로 못박고 탄소중립을 선언했다. 그런데 국제사회가 합의한 지 10년도 안 돼 기후변화 대응 목표가 무너진 것이다. 이제 1.5℃를 목표를 어떻게 받아들여야 하는지 막막하다. 우리는 이미 목표 달성에 실패한 걸까?

1.5°C 돌파에 대한 두 사람의 발언을 그대로 인용한다.

"지구는 더 많은 위험 신호를 보내고 있지만, 이 보고서(WMO 리포트)는 장기적인 지구 온도 상승을 1.5°C로 제한하는 것이 여전히 가능하다는 것을 보여줍니다. 지도자들은 올해 예정된 새로운 국가 기후 계획을 통해 국민과 경제를 위해 값싸고 깨끗한 재생에너지의 혜택을 누리도록 나서야 합니다."
— 안토니우 구테흐스(António Guterres) UN 사무총장

"1.5°C 이상의 온난화가 한 해만 발생한다고 해서 파리협정의 장기적인 온도 목표가 달성 불가능하다는 것을 의미하지는 않지만, 이는 우리가 우리의 삶과 경제, 지구에 대한 위험을 증가시키고 있다는 경각심을 일깨우는 것입니다."
— 셀레스트 사울로(Celeste Saulo) WMO 사무총장

상황은 분명 낙관할 수 없지만 그렇다고 목표를 포기할 때는 아니다. 파리 기후협약의 1.5°C 목표는 일시적 상승에 대응하는 것이 아니라, 장기적인 평균 온도 상승을 1.5°C 안에서 제한하겠다는 것이다. 2024년의 1.5°C 이상 상승은 단기적인 현상이다. 급속한 탄소배출 감소, 지속가능한 에너지로 전환, 탄소 제거 기술의 발전을 통해 목표 달성은 가능하다. 재생에너지 기술의 빠른 발전과 비용 감소도 희망적이다.

다보스가 경고한 '기후의 경제학'

개최지 이름을 딴 별칭 '다보스 포럼'으로 더 유명한 세계경제 포럼은 매년 초 포럼 개최 시기에 맞춰 '글로벌 리스크 보고서'를 발간한다. 보고서에는 전 세계 정부, 기업, 학계, 국제기구, 시민사회 소속의 전문가들을 대상으로 한 글로벌 위험 인식 조사도 포함된다. 2024~2025 조사에서는 산불, 홍수, 불볕더위 등으로 인한 인명 손실, 생태계 훼손, 재산 파괴, 각종 재정 피해까지를 포함해 '극한 기상현상(Extreme weather events)'

표 3-2 다보스 포럼 글로벌 위험 인식 조사(2024-2025)

순위	현재	2년(단기)	10년(장기)
1	국가 기반 무력 충돌 (State-based armed conflict)	잘못된 정보와 허위 정보(Misinformation and disinformation)	극한 기상현상 (Extreme weather events)
2	극한 기상현상 (Extreme weather events)	극한 기상현상 (Extreme weather events)	생물다양성 손실과 생태계 붕괴 (Biodiversity loss and ecosystem collapse)
3	지경학적 대결 (Geoeconomic confrontation)	국가 기반 무력 충돌 (State-based armed conflict)	지구 시스템의 중요한 변화(Critical change to earth system)
4	잘못된 정보와 허위 정보(Misinformation and disinformation)	사회적 양극화 (Societal polarization)	천연자원 부족 (Natural resource shortage)
5	사회적 양극화 (Societal polarization)	사이버 간첩과 전쟁 (Cyber espionage and warfare)	잘못된 정보와 허위 정보(Misinformation and disinformation)

자료: WEF

이 최상위권에 올랐다. 2024년 가을 조사 시점 기준, 현재 인식하는 글로벌 리스크 2위, 2년 후 2위, 10년 후 1위가 바로 '극한 기상현상'이었다. 전 세계 리더와 전문가들이 점점 더 빈번해지고 강력해지는 극한 기상위기에 대해 장기적인 위기일 뿐만 아니라 사실상 전쟁에 준하는 당장의 위기로 인식하는 것이다. 트럼프 대통령 취임으로 기후변화에 대한 글로벌 협력이 무색해질 수 있다는 우려 속에서도 2025년 다보스 포럼은 국가적 차원과 글로벌 협력 차원 모두에서 기후 리스크 대응이 시급하다는 데 의견을 모았다. WMO의 지구 온도 보고서와 다보스 포럼의 위험 인식 조사 결과는 한국도 국제사회의 책임 있는 일원으로 기후변화 대응에 최선을 다해야 한다는 경고의 의미를 갖는다.

기후변화 대응의 핵심은 전기의 재설계다

전기화(Electrification)는 화석연료와 같은 비(非) 전기 에너지원에 의존하는 장치, 시스템 또는 프로세스를 전기로 구동하는 에너지원으로 전환하는 것이다. 2023년 기준, 전기가 최종 에너지에서 차지하는 비중은 20% 정도에 불과한데, 2050년 탄소중립을 달성하려면 시나리오에 따라 50~70%까지 올려야 한다. 특히 운송, 열과 냉방, 산업부문의 전기화는 어려움이 예상된다.

전기화는 오래전부터 기후변화 대응의 주제였다. 2015년, 195개국이 '온실가스 감축'을 주 내용으로 하는 파리기후협약에 서명했다(미국은 트럼프 대통령 시기인 2017년과 2025년 두 번에 걸쳐 협약에서 탈퇴했다). 각국이 감축 목표를 수립하고 속속 공개하면서 전기화가 온실가스 감축 전략의 핵심으로 떠올랐다. AI와 마찬가지로 탄소(온실가스) 감축 이슈도 전기가 더 많이 필요한 세상을 강제하고 있다.

글로벌 온실가스 부문별 배출량에서 가장 큰 비중을 차지하는 부문은 에너지 혹은 전기를 의미하는 파워(Power)로 약 34%에 달한다. 이는 전력과 열을 생산하는 과정에서 발생하는 온실가스 배출량이다. 여기에서 일반적인 온실가스 감축 방법은 화석연료에서 재생에너지로의 에너지전환이다. 파워 부문 다음은 산업(Industry)으로 24%를 차지한다. 주로 시설 현장에서 연소되는 화석연료가 차지하며, 생산공정과 폐기물 관리에서 발생하는 온실가스도 포함한다. 그다음이 농업, 임업, 기타 토지 이용 등으로 비중은 22%다. 농업과 삼림벌채 과정에서 주로 발생한다. 그다음이 15%를 차지하는 운송부문으로 도로, 철도, 항공, 해운 등을 포함한다. 운송 에너지의 95%는 석유 기반 연료에서 발생한다. 나머지 섹터에서 큰 비중이 건물(6%)인데, 취사 난방과 건물 자체의 발전에서 온실가스가 발생한다. 건물의 전기 사용까지 건물부문에 포함하면 건물 전체의 비중은 16%로 올라가고, 파워부문은 24%로 다소 낮아진다.

부문별 배출량을 살펴보면 전기가 핵심임을 알 수 있다. 파워부문이 가장 큰 비중을 차지하는 항목이며, 파워를 제외한 부문에서 주된 온실가스 감축 수단도 전기 활용에 달려 있다. 철강산업의 예를 들면 고로에서 전기로로 바꾸거나, 전기분해로 생산된 수소를 활용하는 수소 환원 제철을 만드는 식이고, 도로 운송은 전기차 보급을 늘리는 식이다. 순배출이란 개념이 의미하듯 배출량에서 차감하는 '탄소 포집, 활용 및 저장(Carbon capture, utilization and storage; CCUS)' 같은 감축 수단도 무척 중요하다. 전력부문에서 탈탄소화가 글로벌 온실가스 감축의 성패를 가르는 기본임은 분명하다.

한국 탄소 감축의 출발점도 결국 전력

한국의 온실가스 배출량과 감축 계획 전에 배출량에 관한 세 가지 혼선에 대해 이해해야 한다. 첫째, 새로운 한국 온실가스 배출량 통계 지침이다. 2024년까지 1996년에 만들어진 IPCC 지침을 따랐는데, 2025년부터는 2006년 지침을 따라야 한다. 2024년은 전환기다. 배출량 통계가 두 기준에 따라 나왔다. 둘째, 이에 따른 통계 오류다. 환경부는 민간 석탄발전소의 온실가스 배출량을 빠뜨렸다가, 2024년 하반기에야 오류를 인지하고 2025년 1월, 과거 통계를 수정해 발표했다. 한국의 탄소중립 계획은 2018년 대비 2030년 배출량 감축률인데, 1996년 IPCC 지침에 따라 산출됐다. 2035년까지 국가 온실가스 감축 계획을 업데이트해 2026년 초에는 국제기구에 제출해야 하는 터라 과거 통계 오류를 수정해야 한다. 셋째, 헌법재판소의 판정이다. 헌재는 2024년 8월 청년과 시민단체들이

표 3-3 한국 온실가스 배출량(2023년 잠정치)

(단위: 백만 톤 CO_2e)

	배출량	비중
전환	225.1	34.7%
산업	237.6	36.7%
건물	44.2	6.8%
수송	94.9	14.6%
농축산	25.1	3.9%
폐기물	15.9	2.5%
수소	-	-
탈루 등	5.2	0.8%
총배출량	648.0	100.0%

자료: 환경부 보도자료(2025)

제출한 '탄소중립 계획 헌법소원'에 대해 헌법불합치 판정을 내렸다. 정부는 2031년부터 2050년까지 연도별 탄소 배출량의 정량적 목표를 2026년까지 2월까지 제시해야 한다.

1996년 IPCC 온실가스 배출량 집계 기준으로 2023년 한국 온실가스 배출량은 648백만 톤 CO_2e이다. 부문별로는 전환(전력) 225.1, 산업 237.6, 수송 94.9, 건물 44.2 순서다. 부문별 비중은 전환(전력) 34.7%, 산업 36.7%, 수송 14.6%, 건물 6.8% 순서다.

민간 석탄발전의 배출량 누락을 수정하지 않은 기준으로 한국의 탄소중립 목표는 2018년 총배출량 727.7백만 톤 CO_2e 대비 2030년 순배출량 40% 감축이다(총 배출량 기준 30% 감

표 3-4 한국 온실가스 감축 목표

(단위:백만 톤 CO₂e)

	2018	2030	감축률
전환	269.6	145.9	-45.9%
산업	260.5	230.7	-11.4%
건물	52.1	35.0	-32.8%
수송	98.1	61.0	-37.8%
농축산	24.7	18.0	-27.1%
폐기물	17.1	9.1	-46.8%
수소	-	8.4	-
탈루 등	5.6	3.9	-30.4%
총배출량	727.7	512.0	-29.6%

자료: 제1차 국가 탄소중립 녹색성장 계획

축). 순배출량은 총배출량에서 국제감축, CCUS, 흡수원을 차감해서 계산한다. 전환은 한국 탄소감축 계획에서 2018년 배출량이 가장 큰 부문이면서 감축률은 45.9%로 폐기물 46.8% 다음으로 높다. 비슷한 배출량을 기록하고 있는 산업의 감축률은 11.4%에 불과하다. 결국 전력의 탈탄소화, 즉 화석연료에서 무탄소 연료로의 전환이 2030년까지 한국 탄소감축 계획의 핵심이다.

RE100, 가장 힘든 시험대에 선 한국

RE100은 기업이 사용하는 전력의 100%를 재생에너지로 조달하겠다는 글로벌 이니셔티브다. 2025년 1월 기준 전 세계적으로 439개, 한국은 36개 기업이 가입했다. RE100 운영은 The Climate group과 CDP가 맡고 있는데, 국가간 혹은 국제적 협약이나 지침이 아니라 어디까지나 민간 기업들의 자발적 연합이다. 자발적인 성격과 달리 실제로 RE100은 글로벌 무역규제의 한 장치로 기능하고 있다. 한국무역협회 보고서에 따르면, 우리나라 제조 수출기업의 16.9%가 구매기업이나 공급망 원청업체들로부터 재생에너지 사용을 요구받고 있다. 거의 절반(41.7%)에 해당하는 기업의 경우 유예기간 없이 2024년 혹은 2025년부터 사용을 압박받고 있다.

 RE100 대응은 직접 재생에너지 발전을 하거나, 전력구매계약(Power Purchase Agreement, PPA)을 하는 방법이 있다. 전 세계적으로는 재생에너지 인증서(Renewable Energy Credit, REC) 구매도 높은 비중을 차지한다. 한국에선 RE100 기업이 PPA를 하고 싶어도 대상인 재생에너지 발전량이 부족하고, REC도 비싼 편이다. 이런 이유로 한국에선 '녹색 프리미엄 제도'를 활용하는 기업이 많다. 이 제도는 전력 소비자가 전기요금에 일정 금액을 재생에너지 확대에 쓰라는 명목으로 더해 추가 납부하고, 돈을 받은 전력사업자가 재생에너지로 생산된 전력을 구매하는 개념이다.

 문제는 녹색 프리미엄의 '추가성'이 낮다는 점이다. 재생에너지의 추가성은 재생에너지 구매가 '그렇지 않았다면 건설되지 않았을' 새로운 재생에너지 용량의 창출로 이어져야 한다는 원칙으로 기업의 지속가능성 노력에서 매우 중요하다.

재생에너지에 대한 투자가 기존의 친환경 에너지를 재할당하는 데 그치지 않고 실제 환경적 이익에 기여하도록 보장하기 때문이다. 예를 들어, 기업이 기존 풍력발전소에서 재생에너지 인증서(REC)를 구매한다고 해서 반드시 전력망의 재생에너지 총량이 증가하는 것은 아니다. 그러나 회사가 새로운 태양광 또는 풍력발전소 건설에 투자할 때는 재생에너지 용량을 확대하는 것이므로 추가성이 높다고 간주한다.

RE100에 가입한 국내 기업의 재생에너지 조달 방법은 인증서 구매 57%, PPA 6%, 녹색요금제(녹색 프리미엄) 34%, 자가발전 3%의 비중이다.

탄소정보공개 프로젝트(Carbon Disclosure Project, CDP)는 매년 전 세계 RE100 회원사 대상으로 설문조사를 한다. 2024년에는 국가별 재생에너지 조달 현황을 조사했다. 그런데 127개 사가 '고비용 또는 한정된 공급'에, 112개 사가 '조달 옵션 부족'을 애로 사항이라고 응답했다. '고비용 또는 한정된 공급'에 응답이 가장 많은 국가는 대만(37개)이었고, '조달 옵션 부족'은 한국(32개)이 가장 많고, 이어서 중국 18개, 일본 14개, 싱가포르 12개, 대만 9개 순서였다. 특히 한국에 진출한 RE100 기업의 40%가 재생에너지 조달에 어려움을 느끼고 있다고 응답했다. 중국 12%, 일본 24%, 싱가포르 27%, 대만 33%보다 월등히 높은 1위였다. 최근 들어 한국 기업들의 공장 투자가 많은 미국 9%, 베트남 9%와 비교하면 한국의 40%는 더욱 두드러진다.

CDP 조사에 근거하면 한국은 제조업 공급망 후보지에서 RE100 구현이 가장 어려운 나라다. 이제 한국에서 대기업은 물론, 수출 중소기업들도 원청업체로부터 RE100 이행 압박을 받는다. 한국에 사업장을 둔 기업들은 RE100에 대응하려 해도 재생에너지를 조달하기 어려우니, 이대로 방치하면 기업들이 한국을 떠나는 결정을 할 수 있다. 더 중요한 점은 해외 원청기업이 새로운 공급망을 결정할 때 후보지에서 한국이 제외될 수 있다는 사실이다. 태양광을 육성하지 않고 심지어 혐오 프레임을 씌웠던 지난 정권의 실수가 만든 참담한 현실이다.

삼성전자와 SK하이닉스는 어떻게 RE100을 달성할까?

RE100은 사용 전력의 100%를 재생에너지로 쓰겠다는 기업들의 자발적인 약속이다. 그럼에도 한국에선 기업을 넘어 국가적 위험으로 여겨진다. RE100을 주도하는 글로벌 빅테크 기업이 RE100 달성을 위해 한국의 반도체 기업과 같은 공급망에 재생에너지 사용을 요구했을 때 대응이 곤란한 상황이어서다. 재생에너지 사용률은 삼성전자 반도체부문이 2023년 24.3%, 2024년 24.8%다. 미국, 중국 등 해외 사업장의 재생에너지 사용률이 거의 100%인데 비해, 한국 사업장의 경우 터무니 없이 낮기 때문이다. SK하이닉스는 2023년 30.0%, 2024년 29.9%다. 양대 반도체회사는 한국에서 자체 재생에너지 발전소 건설을 포함해서 의미 있게 확보할 수 있는 만큼의 재생에너지가 어렵다고 하소연한다. 그나마 최근 들어 PPA 계약을 늘리는 건 긍정적이다. 삼성전자가 PPA로 확보한 재생에너지는 연간 620GWh 규모다. 하지만 2024년 2만 5,111GWh였던 삼성전자의 국내사업장 에너지소비량 대비 비중은 2.5%에 불과하다. 삼성전자 국내사업부의 RE100 대응은 '녹색 프리미엄' 일변도다.

근본적인 탄소감축 위험 대응을 위해서라도 한국 반도체 기업의 재생에너지 전원 확보가 시급한데, 상황은 묘하게 흘러가고 있다. 한국 반도체 기업들은 용인에 반도체 클러스터를 짓고 있고, LNG 발전소 6기 신규 건설로 필요한 전원을 충당할 계획이다. 일단 한국의 반도체회사들의 RE100 이행은 더 어려워질 건 확실해 보이고, 국가적 위험을 자초하는 게 아닌지 우려스럽다. 용인에 건설 예정인 LNG 발전소는 석탄발전소를 대체하는 발전소인데, 수소 혼합 소각 방식으로 온실가스 배출량을 줄이겠다는 복안이지만 적지 않은 양의 온실가스를 배출할 것으로 예상된다. 석탄발전소 폐쇄를 결정한 후 LNG 발전소를 새로 짓기 어려운 차에 나온 발전회사의 고육지책이다. 한국공학한림원은 용인 반도체 클러스터 전원으로 재생에너지에만 의존하는 건 높은 ESS 투자비와 간헐성 극복의 기술적 한계로 불가능하다며 '탄소 무배출' 대응을 골자로 한 보고서를 발표했다. 신규 원전 건설과 호남 태양광 전원의 HVDC 연결(이재명 정부의 정책 목표인 에너지 고속도로와 같은 맥락)을 서둘러야 한다는 의견이다. 용인에 반도체 클러스터를 짓기로 한 결정이 최선은 아니지만, 대규모 전력수요처가 들어서는 이상 원전과 신재생의 공존은 불가피하다는 관점이다.

서둘러 다른 대안을 모색할 필요가 있다. 대형 원전의 신규 건설은 글로벌 탈원전 추세나 반대 여론과 함께 부지 확보, 긴 공사 기간 같은 실질적 문제가 있다. 일단 빨리 지을 수 있는 재생에너지를 서둘러 짓는 게 최선이다. 또한 국가가 나서 재생에너지 자원이 풍부해지도록 유인책을 제공하는 정책이 시급하다. 복잡해지는 전력계통에서 탄력운전 상용화 기술도 개발해야 한다.

탄소가 관세가 되다: CBAM이 만든 무역장벽

트럼프 대통령 2기가 시작하면서 관세가 대중적인 단어가 됐다. 그런데 트럼프 이전 등장한 '탄소의 관세화'에 대해서는 별다른 대응도 없고 관심도 부족하다. '탄소 관세화'는 새로운 무역장벽으로 EU를 비롯해 미국도 시행에 앞장서고 있다.

EU의 '탄소 국경 조정 제도(Carbon Border Adjustment Mechanism, CBAM)'는 무역규제라는 주장을 피해 '관세'가 아닌 척하고 있지만, 수출기업 입장에서 추가 비용이 불가피한 만큼 관세와 같은 효과를 낳는다. 2026년부터 EU에 수출하는 기업은 EU의 탄소 가격과 자국의 탄소 가격 차이만큼을 관세처럼 내야 한다. 시멘트, 전력, 비료, 철강, 알루미늄, 수소 여섯 개 산업부터 시작하며, 해당 기업은 EU CBAM에 제품 탄소 배출량을 보고해야 한다. 2025년 2월 EU의 기후 관련 규제 간소화 정책(일명 옴니버스 패키지, 7장에 자세히 설명) 발표로 CBAM 적용 대상 기업이 애초 예상보다 80% 가량 줄어들 전망이지만, 달라질 건 없다. 나머지 20% 기업이 배출량의 95%를 차지하기 때문이다.

CBAM을 세계 온실가스 배출량 1위인 중국을 겨냥해 만든 제도라고 보는 시각도 있지만, 그런 한편으로 한국 기업의 피해가 만만치 않을 전망이다. 한국의 탄소 가격이 '배출권거래제도(Emission Trading System; ETS)'를 운영하는 국가 중에서 가장 낮은 수준이기 때문이다. 2025년 9월 중순 ETS 거래 가격(톤당 미국 달러)은 EU 77.5달러, 캘리포니아 28달러, 중국 10달러인데, 한국은 7.2달러, 최근 환율로 약 10,000원 수준이다. 한국의 탄소가격은 EU의 1/10에 불과하다. CBAM은 2023년에 확정됐는데, 한국의 배출권 제도 개편은 2025년 하반기에도 공전하고 있고, 산업체들의 저탄소 공정 전환은 미궁 속에 빠져 있다.

CCA, 미국식 탄소 경쟁의 시작

CBAM 못지않게 관심을 둬야 할 제도는 미국의 '청정경쟁법(Clean Competition Act; CCA)'이다. CCA도 CBAM처럼 수입품에 탄소 비용을 부과하는 제도로 민주당이 최초 발의했다. 2025년 9월 기준, 아직 의회 통과는 되지 않았지만, 공화당까지 초당적 지지를 보인 사안이라 통과 가능성이 높다. 미국에 유리한 제도라는 실리적 이유 때문이다.

    CCA의 관세 부과 기준은 미국과 수출국(원산지)의 '탄소배출 집약도 차이'다. 탄소배출 집약도는 온실가스 배출량을 분자로 한다. 분모는 업종이나 제품 단위에서는 생산량, 국가 단위에서는 GDP, 기업 단위로는 매출액을 주로 사용한다. CCA의 탄소 비용은 미국 GDP 집약도 대비 원산지 GDP 집약도 비율에 미국의 업종 단위의 집약도와 중량, 탄소 가격을 곱해 산출한다.* 탄소 가격은 수입국 고유의 탄소 가격제 운용 여부와 별개로 단위당 55달러를 부과한다. 철강, 석유화학 등 에너지 집약 산업군에서 생산된 원자재부터 시행해 완제품으로 차차 확산 예정이다.

    CBAM과 CCA는 탄소중립을 대하는 유럽과 미국의 시각 차이를 드러낸다. EU가 탄소배출권이라는 '규제' 위주의 관점이라면 미국은 '기술' 우선의 관점이다. 파리협약을 두 번이나 탈퇴한 미국이 탄소 경쟁력을 바탕으로 무역규제에 나서는 건 그게 국익에 유리하기 때문이다. 미국은 전 세계 석유 생산량 1위 국가이고, 가스 수출에 혈안이 돼 있다. 하지만 미국 내 영토에 재생에너지 발전소를 어느 나라보다 많이 짓고 있으며(7장 참조), 탄소감축 기술을 발전시키면서 탄소배출 집약도를 빠르게 떨어뜨리고 있다.

- 탄소세 = (원산지 일반경제 탄소집약도/미국 일반경제 탄소집약도) × 미국 업종 단위 탄소집약도 × 적용비율 × 중량(톤) × 탄소가격

표 3-5 탄소배출 집약도와 개선 속도 주요국 비교(2016~20년)

	한국	일본	이탈리아	프랑스	미국	독일	영국
집약도 (CO_2kg/ USD)	0.14	0.12	0.09	0.08	0.11	0.09	0.09
개선 속도	2.4%	2.7%	3.7%	4.6%	4.9%	5.5%	5.9%

자료: 한국경제인협회(2024)

　한국경제인연합회는 CCA 실행 시에 한국의 비용 부담을 가늠하는 보고서를 발간했다. 한국이 2034년까지 부담해야 할 비용은 2.7조 원 규모로, 이 비용은 미국과 탄소집약도 차이에 근거한다. 한국은 주요 7개국 중에서 탄소배출 집약도가 가장 높다. 주목할 지점은 개선 속도다. 한국은 미국보다 집약도도 높지만, 하락 속도가 더딘 것이 더 큰 걱정이다. 2016~20년 연평균 탄소집약도 하락 속도는 미국 4.9%, 한국 2.4%였다. 유럽 국가들은 물론이고, 동일본 대지진으로 원전 폐쇄를 겪어 탄소 배출량 감축이 힘겨웠던 일본보다도 느린 추세다.

　환경부 온실가스 종합정보센터는 국가 온실가스 통계를 발표하면서 GDP 당 배출량 수치도 업데이트한다. 25년 1월 발표한 통계로 2022년 한국의 GDP 당 배출량은 367.9톤 CO_2-eq/10억 원이다. 연평균 감소율이 1990년 이래 1.9%, 2000년 이래 2.1%, 2010년 이래 2.3%, 2020년 이래 2.6%다. 한국의 집약도 하락 속도는 느리다.

표 3-6 한국의 온실가스 배출량 집약도(1990-2022), IPCC 06 기준

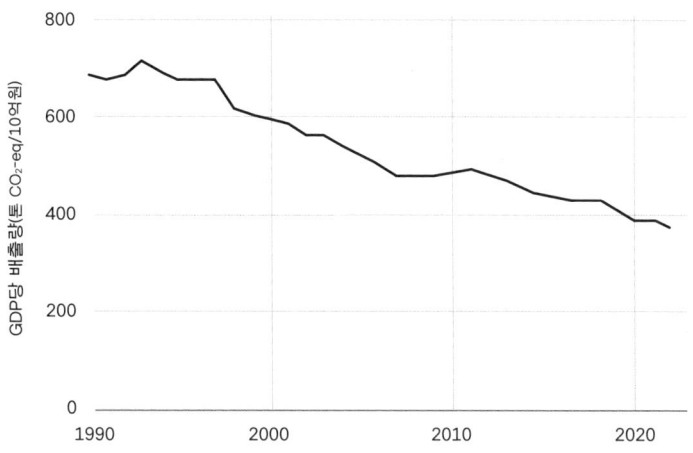

주: 한국은행 실질 국내총생산(2015년 기준), 경제활동별 GDP(실질, 분기 및 연간) 통계
자료: 온실가스 종합정보센터

> 여기서 잠깐
>
> ## 한국 철강, 화석연료의 사슬을 끊지 못하다
>
> 한국 철강 기업은 CBAM에 의해 직접적인 타격이 예상되는 업종으로 온실가스 배출량이 많다. 2023년 기준 국내 온실가스 배출량 순위로 포스코가 7,197만 톤으로 1위, 현대제철은 2,927만 톤으로 5위다. 2~4위는 한전 발전자회사다. 발전사들은 미래 온실가스 배출량을 어느 정도 예상할 수 있다. 장기 전력수급계획 같은 국가 계획이 있어서다. 철강

은 그렇지 않다. 두 철강 회사도 탄소중립을 선언했지만, 기술개발에 의존한 계획이기에 100% 믿기 어렵다. 두 철강 회사가 한국 전체 온실가스 배출량 감축의 열쇠를 쥐고 있다고 해도 과언이 아니다.

이들이 탄소배출 감축이라는 시대적 요청에 대처하는 방식은 세 가지다. 첫째, 쇳물을 만들 때 철광석과 석탄을 사용하는 고로를, 고철을 녹이는 전기로로 교체하는 방식이다. 포스코는 고로가, 현대제철은 전기로가 많다. 엄청난 투자비, 고철 부족과 같은 문제 말고도 이런 변화는 전력 소비 증가를 수반한다. 산업용 전기요금이 크게 올라 비용 급증이 불가피하다. 제품 가격에 반영하기엔 중국산 저가 철강 제품과 경쟁이 우려된다. 뿐만 아니라, 고로에서 전기로 교체로 탄소감축에서 더 큰 효과를 내려면 재생에너지로 만든 전기의 비율이 커져야 한다. 석탄으로 만든 전기로 전기로를 돌린다면 탄소감축이 아니다. 반복된다. 국가 차원의 속도감 있는 화석연료 발전 축소가 필요하다.

둘째, 수소 환원이라는 새로운 공법 개발이다. 수소(H_2)가 철광석(Fe_2O_3)에서 산소를 분리하는 환원제 역할을 하는 방식이다. 이 과정에서 물(H_2O)과 함께 철(Fe)이 생성되기 때문에 탄소배출을 크게 줄일 수 있다. 포스코의 일정은 2030년 기술개발 완료 이후 상업화 추진이다. 시간 내에 성공할지 예측하기 어렵다. 혹자는 판타지라고도 부른다. 상업화까지 오랜 시간이 걸릴 건 확실하다. 기술도 기술이지만 수소의 원활한 공급도 예측하기 어렵다. 국내에서 재생에너지로 만든 그린수소는 수요를 충당할 수 없는 수준이고, 수입 그린수소도 지금 계산으로는 너무 비싸서 철강사들이 수지를 맞추기가 어렵다. 수소환원 방식으로 생산한 제철이 자리를 잡을 때까지 당분간은 전기로의 역할이 중요하다. 따라가다 보면 결론은 전기의 탈탄소화다.

셋째, 흥미로운 건 현대제철의 미국공장 신규 건립 추진이다. 루이지애나주에 무려 8.5조 원을 들여 자동차용 강판 제조공장을 신축한다. 트럼프 정부의 자국 중심의 공급망 재편 움직임(철강 수출 쿼터제)에 맞춰 추진됐다. 현지 자동차공장에 철강재를 공급하는 데 미국산 철강이 유리할 거란 판단으로 추측된다. CCA와 같은 미국의 탄소 규제를 피할 수 있고, 미국보다 높아진 한국 산업용 전기요금도 이유로 작용했을 법하다. 반추하면 한국 산업용 전기요금이 급등한 이유는 화석연료 발전원의 원료비 급등이었다.

가정이지만 한국에 태양광 발전이 진작에 커져서 규모의 효과를 통해 발전단가를 낮출 수 있었다면 어땠을까. 그린수소 생산원가도 크게 떨어졌을 것이다. 철강업체의 고민도 반도체회사들의 RE100 근심처럼 한국의 재생에너지 부족에서 비롯했다. 한국을 떠나는 기업으로 발생할 국내 일자리 공백이 걱정일 뿐이다.

탄소배출 집약도, 한국의 느린 전환

전력 생산의 탄소집약도(생산된 전력 단위당 CO_2 배출량)와 GDP의 탄소집약도(경제 생산량 단위당 CO_2 배출량)는 밀접하다. 전기는 경제의 모든 부문에서 배출량을 줄이는 데 연쇄적인 영향을 미친다. 국가 탄소중립을 생각한다면 전력의 탈탄소화에 우선 초점을 맞춰야 한다.

에너지 두뇌집단 EMBER에 따르면 한국의 전기 탄소집약도는 2023년 432gCO_2/kWh다. EU 237gCO_2/kWh, 미국 410gCO_2/kWh보다 높고, 일본 493gCO_2/kWh, 중국 584gCO_2/kWh보다는 낮다. 모든 나라(EU는 지역)의 2023년 수치가 하락했다. 집계가 빠른 EU는 2024년 수치가 나왔는데, 10%나 하락했다. COVID19로 2020~22년 변동이 컸지만, 모든 지역의 탄소집약도는 내림세다. 2019년 대비 적게는 6% 많게는 17% 하락했다.

하락 사이클이 시작한 시점이 다르다. EU 2007년, 중국 2008년, 미국 2011년, 일본 2014년이다. 한국은 2019년이다. 한국이 가장 늦었다. 기후변화 대응의 중요성을 인식하고 화석연료를 줄이고, 재생에너지를 늘리는 노력이 EU, 중국, 미국 대비 10년 이상 쳐졌다. 일본은 동일본 대지진으로 원전을 끄고 화석연료를 늘릴 수밖에 없어서 전기 탄소집약도가 2010년에서 2013년 사이에 대비 33%나 상승했다. 그러나 꾸준한 에너지 전환 노력으로 2010년 수준으로 돌아왔다. 기후 경쟁력이 무역 경쟁력인 세상이다. 한국 전력산업이 직면한

표 3-7 주요국 전기 탄소집약도 비교(2010-2024)

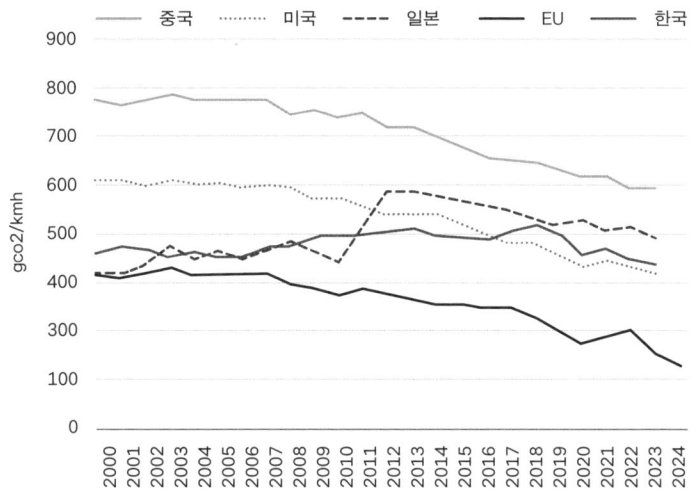

자료: EMBER

과제는 석탄과 LNG 발전의 축소다.

전기 생산의 탈탄소화 과제

IEA의 전기 탄소집약도 수치는 EMBER 수치와 다소 차이가 나는데, 매년 발표하는 향후 3년 전망이 의미가 있다. IEA 수치로 전 세계 전기 탄소집약도는 2023년 1%, 2024년 3% 하락했다. 3%는 기록적인 수치다. 2024년 전기 탄소집약도의 하락은 재생에너지와 원전 발전량 급증 때문이다. 전기 탄소집약도 하락은 가속화되는 추세다. 2024년 445gCO_2/kWh에서 2027년 400gCO_2/kWh로 연평균 3.6% 하락할 전망이다. COVID19 직전 2015~19년 연평균 하락률에 비해 두 배에 달한다. 전기 생산에서 탈탄소화가 빨라지고 있다.

미국의 전기 탄소집약도는 2024년 320gCO_2/kWh로 줄었다. 향후 연평균 3.5%씩 하락해 2027년에는 290gCO_2/kWh까지 하락할 전망이다. EU는 2024년 한 해만 전기 탄소집약도가 무려 14% 하락했다. EU의 전기 탄소집약도는 2024년 175gCO_2/kWh이고, 2027년 예상은 130gCO_2/kWh에 불과하다. 예상되는 연평균 하락률은 무려 10%다. 중국의 2027년 예상 탄소집약도는 480gCO_2/kWh며 3년 평균 하락률 전망치는 5.3%다. 한국은 어떨까? IEA 자료에 한국은 미국, 중국처럼 따로 숫자 설명이 없고 그래프로만 표시했는데, 향후 3년 하락하는 각도가 중국이나 일본에 비해 완만하다. 2027년 예상은 400gCO_2/kWh을 약간 밑도는 정도다.

전기 탄소집약도가 100gCO_2/kWh대로 떨어진 EU는 열외로 하더라도, 미국, 중국, 일본과 비교한 한국의 전력부문 기후변화 대응 성과는 초라하다. 보통 온실가스 배출량 국가 간 비교는 배출량 순위를 기준으로 한다. 한국은 2023년 기준 14위(EU를 포함하면 15위)다. 중국과 미국이 1, 2위이므로 배출량 절대 규모의 순위만 보면 자칫 안도할 수 있다. 하지만 탄소 규제 현실에서는 배출량보다 집약도가 중요하다. 에너지 전환 노력과 기술이 반영되는 전기 생산의 탈탄소화에 우선 힘을 쏟아야 한다. 한국은 이미 절댓값과 하락 속도에서 미국에 뒤처졌다. 지금 같은 하락 속도라면 중국에도 조만간 역전당할 가능성이 높다.

G20 꼴찌의 재생에너지 비중, 산업 강국의 역설

한국이 전기 탄소배출 집약도 하락이 미진한 이유는 재생에너지를 많이 늘리지 못한 상태에서 화석연료 의존을 줄이지 못했기 때문이다. 탈석탄은커녕 석탄에 대한 의존이 매우 높다. 석탄 발전으로 인한 온실가스 배출량은 전환부문의 70% 이상, 전체 배출량의 25% 이상이다.

2024년 말 기준 한국의 발전 용량은 153.1GW이다. 가스 46.3GW, 석탄 40.2GW, 신재생 34.7GW, 원전 26.1GW 순서이다. 발전 용량 1, 2위를 엎치락뒤치락하는 석탄과 가스(LNG)는 2012년 이래 증가율이 각각 60%, 112%다. 가스는 석탄만큼은 아니지만 전력원 단위당 온실가스 배출량을 명백히 올리는 연료•다.

자동차공장의 설계 규모(연간 몇만 대)보다 실제 생산한 대수가 중요하듯, 정확한 상황을 보려면 발전 용량뿐만 아니라 발전량을 같이 볼 필요가 있다. 발전원의 특성에 따라 가동률에 차이가 있는데, 탄소감축을 보려면 발전량이 더 중요하다. 한국에서 가장 많은 전기를 만들어 내는 발전원은 2023년까지 석탄이었다. 2024년 처음으로 원자력이 역전했다. 최근 석탄

- LNG의 성분인 메탄(CH4)은 이산화탄소(CO_2)보다 강력한 온실가스다. 대기 중 존재하는 기간이 12년 정도로 이산화탄소의 100년보다 짧지만, 30년 혹은 100년 동안 온실가스 및 지구 온도에 미치는 효과를 이산화탄소와 비교했을 때, 30배 이상이다(IEA).

표 3-8 주요국의 태양광과 풍력 발전량 비중

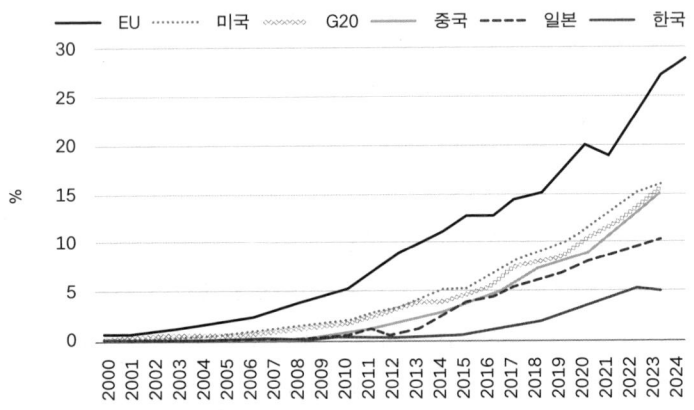

자료: EMBER

과 가스발전량은 감소 추세고, 원자력의 발전량은 증가 추세다. 2024년 기준 원자력, 석탄, 가스의 비중은 31.7%, 28.1%, 28.1%로 엇비슷하다.

　　신재생에너지를 떼어 놓고 볼 필요가 있다. 한국전력 통계 속보는 재생에너지에 수력을 더한 신재생에너지로 통계를 낸다. 신재생 발전 용량은 2012년 이후 2024년까지 가장 큰 폭으로 몸집을 늘렸다. 2024년 기준 발전 용량 비중 20%를 넘어섰다. 신재생 발전량도 꾸준히 늘긴 했지만, 비중은 10.6%에 불과하다. 발전 용량에 비해서 발전량 증가가 더딘 이유는 전력 시스템이 재생에너지를 수용하는 능력이 떨어지기 때문이다. 송전망 건설 지연, 화재 사고 이후 ESS 보급 정체도 영향을 미치고 있다. 발전 효율성이 높은 대형 태양광발전소 부족도 이유다. EMBER는 세계 각국의 재생에너지 통계에서 수력을 뺀 순수한 재생에너지인 태양광과 풍력 발전량만 비교한다. G20 국가들의 풍력과 태양광 발전 비중은 14.9%다. EU가 29%로 한참 앞에 있고, 미국 15.5%, 중국 15.6%로 엇비슷하고 일본이 10.6%인데 한국은 5.3%다. 한국은 2022년 5.5%에서 오히려 줄어들었다. 한국 재생에너지 발전량이 이렇게까지 늘어나지 못한 건 기술적 이유 때문만은 아니다. 전력산업의 기성세력이 당장에 싼 화석연료 발전, 중앙집중형 전력망 운영을 고집하며 그들만의 성벽을 공고히 쌓고 있기 때문이다.

석탄의 그림자: 과거 정책이 만든 현재진행형 위기

파리 기후변화협약 체결 2년 전, 유럽을 중심으로 전 세계에 탈석탄 기조가 예고되던 2013년이었다. 이명박 정부는 제6차 장기전력수급계획에 사상 최초로 민간 석탄발전소 신규 건설을 대거 포함했다. 추가된 신규 석탄발전소 발전용량만 10.7GW이다. 2011년 정전을 이유로 한 전력공급 확대 명분이었다. 정권 마지막 해에 대기업들을 위한 선물이란 비판이 나왔다. 정권 초기 유가 140달러를 경험한 이명박 정부는 자원외교 드라이브를 걸었다. 에너지 자립을 위해 재생에너지와 효율성 개선에 투자를 우선하기보다 해외에서 유전과 가스전 확보에 열을 올렸다. 정권 초 '저탄소 녹색성장'을 발표했지만, 저탄소와 녹색보단 성장에 공을 들였다.

백두대간을 넘는 송전선(동해안-신가평) 건설 지연으로

7GW의 송전 제약이 걸렸다. 이명박 정부 때 허가를 받아 건설을 시작했던 동해안 석탄발전소들이 속속 완공하며 발생한 현상이다. 그 발전소 중에 삼척블루파워(삼척화력발전소)가 있다. 삼척블루파워는 POSCO인터내셔널이 29% 지분을 보유한 회사로 발전소가 있는 해안은 BTS '버터(Butter)' 뮤직비디오 촬영지로 유명하다. 전 세계 팬들의 방문이 이어지는 '버터비치' 근처에 2.1GW짜리 초대형 석탄 화력발전소가 건설 중이다.

2024년에도 석탄은 한국의 2위 발전원이다. 심지어 한국은 여전히 석탄발전소를 짓고 있다. 한국 석탄 발전 용량은 2012년 25GW에서 2023년 39GW로 늘어났다. 인도 정도를 제외하면 대부분 국가는 파리 기후변화협약을 분기점으로 석탄과 이별을 시작했다. 영국은 2024년 모든 석탄발전소를 폐쇄했다.

석탄발전소는 굳이 탄소감축이란 명목이 아니어도 조기 폐쇄의 길을 걷게 될 운명이다. 정당하게 환경 비용을 부과하면 낮은 경제성으로 인해 급전 순위*가 뒤로 밀릴 수밖에 없어서다. 자연을 훼손하면서 조 단위 건설비를 투입해 발전소를 지었는데, 조기 폐쇄해야 한다면 이런 비효율과 자원 낭비

- 한국전력은 전력거래소에서 발전회사들이 생산한 전기를 경쟁입찰로 구매한다. 현행 방식은 저렴한 전기부터 사기 시작하는 경제급전 방식인데, 점차 환경요소를 강화하겠다는 방침이므로 석탄 발전은 급전순위 하락의 위험이 크다.

가 어디에 있단 말인가.

이명박 정부가 석탄발전소 신규 허가를 내주던 당시 유럽 전력 유틸리티 회사는 석탄발전 자산을 과감하게 손실로 회계 처리했다. 그것고 비교해 한국 상황을 보며 '이건 정말 아닌데'라고 생각했지만 용기가 없어 표현하지 못했다. 후회한다. 우리 후손이 치를 대가가 너무 크다.

석탄발전소는 결국 조기 폐쇄될 것이다. 당시 의사 결정자가 이런 결말을 예측하지 못했다면 백번 양보해 단견으로 치부하겠다. 그러나 잘못된 결정임을 알고도 '이 비용은 나중에 누군가 부담하겠지'라며 결정했다면 끔찍한 일이다. 다시는 일어나지 말아야 할 일이다. 2년마다 돌아오는 장기 전력수급계획을 허투루 짜면 안 된다. 이 와중에 AI 광풍에 전력공급이 우선순위가 되면서 기후변화 대응이 뒷전에 밀릴까 걱정이다. LNG 대체와 어설픈 수소 혼소 발전이 석탄 발전 시즌2가 될 수도 있다. 사면초가 상황이다. 그런 만큼 미래지향적인 전력인프라 건설이 절실하다. 우리 앞에 놓인 숙제다.

4장 기후금융과 기후테크의 스타트라인

기후변화 삼중고

기후금융(Climate Finance)은 기후변화 완화(온실가스 감축)와 적응(회복력 강화) 활동을 지원하는 일련의 금융 관련 활동을 지칭한다. 재생에너지 발전소 등 기후변화 대응 인프라에 대한 프로젝트 파이낸싱, 기후기술(climate tech) 개발을 전문으로 하는 기업에 대한 투자, 배출권 등 탄소시장을 중심으로 일어나는 금융 활동 등 다양한 내용을 포함한다.

IMF가 이야기하는 '기후변화 삼중고'라는 개념에 기후금융의 필요성이 잘 담겨 있다.

① 1.5°C 목표는 점점 더 도달하기 어려워지고,
② 기후변화 대응에 재원이 필요하지만 공공 부채 급증이 불가피해 각국의 국채 발행에만 의존할 수 없고,

③ 기업과 정치권의 반발 때문에 탄소세를 올리거나 탄소배출권 제도를 강화하기도 어렵다.

이런 삼중고 조건에서 결국 시장과 금융이 해결해야 한다. 관건은 화석연료부문의 민간 자금이 재생에너지와 기후기술로 이동하는 것이다. 이재명 정부가 강조하는 부동산에서 주식으로의 자금 이동처럼, 사실은 그 이상으로 기후금융 역시 자금 대이동이 필요하다.

기후기술과 기후금융은 운명 공동체와 같다. 기후금융은 새로운 기후기술의 창출을 지원하고, 기후기술의 가능성이 입증되면 상업화 및 확장 단계로 나가는 걸 돕는다. 시범 프로젝트, 제조 규모 확대(scale-up), 시장 보급을 위한 금융지원은 필수다. 거꾸로 유망한 기후기술이 있어야 기후금융의 투자가 가능하다. 투자기관이 돈이 있어도 적절한 투자 대상이 없으면 투자할 수 없는 상태에 처하는 것과 같은 이치다. 투자할 수 있는 적절한 기후기술이 없으면 기후금융으로 갈 재원이 다른 곳으로(한국에서는 부동산!) 흘러가고 기후금융과 기후기술은 결국 함께 도태할 수밖에 없다.

이제야 출발선에 선 한국의 기후금융

2024년 이전까지 한국 기후금융은 통계도 변변치 않았다. '2050년 탄소중립, 2030년 온실가스 순배출량을 2018년 대비 40% 감축하겠다'라는 정책 목표는 있지만 여기에 금융을 어

표 4-1 기후위기 대응을 위한 금융지원 확대 방안 중 정책금융 내용

(단위: 조원)

저탄소 공정 전환을 위한 정책금융	재생에너지 증설을 위한 '모험자본': 정책금융 + 미래에너지 펀드	기후기술 육성	정책성 금융 합계
420	23	9	452

자료: 금융위

떻게 연계할지 무심했다. 2050년 탄소중립을 위해 얼마나 돈이 필요한지, 국가/지방정부의 재정과 공적 금융을 투입할 때 그에 맞추어 민간에서 융통 조달돼야 할 자금 규모 계획이 어느 정도일지 등등 정책 목표에 도달할 아무런 실행 계획이 없었다. 정부 추진사업에 비용추계가 없는 셈이다. 이런 일을 주관해야 할 탄소중립녹색성장위원회(이하 탄녹위)에는 정작 예산권이 없다. 기후금융 정책은 붕 떠 있었다.

2024년 3월, 늦은 감이 있지만 금융위원회는 기후금융 TF를 발족하고, 민관합동으로 「기후위기 대응을 위한 금융지원 확대 방안」을 발표했다. 2030년까지 5개 정책 금융기관이 420조 원의 정책금융을 공급하는 것이 골자다. 정책성 금융지원의 총계는 452조 원에 달한다. 앞서의 정책금융 420조 원, 재생에너지 증설을 위한 188조 원 안에서 모험자본 23조 원, 그리고 신규 기후기술펀드 조성을 포함한 기후기술 육성에 9조 원을 더한 금액이다. 하지만 재생에너지 증설에 민간금융과 재생에너지 사업자의 자체 조달 165조 원이 포함돼 있으니 사실은 '총 617조 원짜리 기후금융 패키지'로 봐야 한다. 단기본에 2050년까지의 기후변화 대응 비용 추계를 생략하고, 금융위 주도로 에너지전환 인프라 구축을 위한 금융 방안을 발표한 것이다.

정부가 강조한 정책금융 420조 원은 신용보증기금, 기술보증기금의 보증, 산업은행, 기업은행, 수출입은행의 투자, 여신, 보증 등이다. 주로 여신과 보증 형태로, 과거 5년 연평균 36조 원이 2030년까지 연평균 60조 원 규모로 늘어난다. 대상은 저탄소 전환 공정 전환 우대보증, 에너지전환 프로젝트 보증, 초기 녹색기술 산업 투자, 친환경 선박 여신 지원 등이다.

모험자본이 불붙여야 할 민간 기후금융의 불씨

발표의 핵심은 모험자본*23조 원이다. 신재생에너지 발전소 건설 프로젝트 금융(Project Finance, PF)에서 후순위 대출(정책금융)과 미래에너지 펀드의 지분투자에 해당하는 금액이다. 발전소 건설계획을 대입하면 대부분 해상풍력으로 추정된다. 해상풍력 MW당 사업비를 60억 원으로 잡고 2033년까지 건설 예정 발전 용량(25GW)으로 계산하면 150조 원이다. 신재

- 사전적 의미는 상대적으로 높은 투자위험을 감수하고 경쟁력 있는 기업, 특히 벤처기업이나 스타트업에 투자하여 높은 수익을 추구하는 자본. 여기에선 재생에너지 프로젝트와 에너지 전환이 주력인 벤처기업, 즉 기후테크가 투자 대상이다.

표 4-2 기후위기 대응을 위한 금융지원 확대 방안 중 신재생에너지 발전설비 재원 조달 내역

(단위: 조원)

신재생에너지 발전소 건설		모험자본 조달	
자체 조달(지분투자)	28	정책금융(후순위 대출)	14
선순위 대출 민간금융(은행, 보험, 운용사 등) + 정책금융	106	미래에너지 펀드(지분투자 및 후순위 대출)	9
모험자본(후순위 대출+지분투자)	54	펀드(지분투자 및 후순위 대출)	31
합계	188	합계	54

자료: 금융위

생에너지 발전소 건설 188조 원에 얼추 들어맞는다. 나머지는 태양광과 다른 재생에너지 발전으로 추정된다.

  2030년까지 신재생에너지 발전소 건설에 필요한 금액 188조 원 PF는 사업자의 지분투자 28조 원(14.8%), 은행, 보험 등 민간금융과 산업은행 등 정책금융 기관의 선순위 대출 106조 원(57.4%), 그리고 모험자본 54조 원(28.7%)이다. 그리고 모험자본 54조 원은 정책금융 후순위 대출 14조 원, 미래에너지 펀드 9조 원, 펀드 31조 원이다. 정책금융 후순위 대출과 미래에너지 펀드가 정책성 금융으로 포함된다. 이 중에서 미래에너지 펀드 9조 원은 산업은행이 20%를 출자하고, 나머지 80%는 5개 시중 은행이 출자하는 방식이다. 산은의 20% 출자로 위험가중치가 400%에서 100%로 인하되면서 시중 은행의 모험자본 출자를 유도하는 방식이다.

표 4-3 기후위기 대응을 위한 금융지원 확대 방안 중 기후기술 육성 내역

기후기술펀드: 기은 포함 6개 은행이 1.05조 원 출자하여 2030년까지 조성	혁신성장펀드(매년 3조 원 조성 목표 운영 중)에서 2030년까지 투자	성장사다리펀드에서 2030년까지 투자	합계
3조 원	5조 원	1조 원	**9조 원**

자료: 금융위

　1차로 각각 2,100억 원씩 6개의 펀드, 총 1.26조 원이 2024년에 조성되었다. 이런 정책성 금융이 앞장서고, 다음에 민간에서 31조 원이 펀드 형태로 모험자본에 투자하는 그림이다. 이 계획의 의미는 국내 민간 금융기관의 참여를 유도할 수 있는 '모험자본' 조달 방안이 포함되었다는 사실이다. 한국에서 실질적인 대규모 기후금융이 시작했음을 알리는 청신호다.

　마지막으로 기후기술 육성에 배정한 9조 원은 전환 금융 내용이라 흥미롭다. 먼저 기업은행과 시중은행이 3조 원 규모의 기후기술펀드를 2030년까지 조성한다. 혁신성장펀드 5조 원, 성장사다리펀드 1조 원은 이미 존재하는 펀드들로 기후변화 대응 사업을 영위하는 벤처기업으로 투자 대상을 늘리겠다는 의중이다. 기후기술펀드의 투자 대상이 될 후보군은 수소 공급망, 소형 원전, 탄소 포집·활용·저장(CCUS) 등으로 예상된다.

'넷제로'의 비용, 현실을 직시해야 할 때

한국 자본시장연구원은 2050년까지 탄소중립에 필요한 누적투자 수요를 1,722~2,097조 원으로 예측했다. 사회적 할인율*을 2.55~4.5%로 가정했을 때다. 평균 할인율을 3.5%로 하면, 2021~50년 기간 평균은 70조 원이다. 기간별로 구분하면 2026~30년 42조 원, 31~35년 58조 원, 36~40년 75조 원, 41~45년 97조 원, 46~50년 131조 원으로 차츰 증가한다. 2050년까지 가는 길에 일단 2030년까지 필요한 누적 투자수요를 대략 290조 원으로 예측한 것이다.

산업은행의 한 인사는 2023년 기후금융을 주제로 한 공개 세미나에서 "자본시장연구원에서 2030년까지 탄소감축 이행을 위한 투자수요를 300조 원 정도로 봤는데, 산업은행은 비공식적으로 450조 원 정도로 본다"라고 밝혔다. 이어 "그러한 대규모 자본을 어떻게 기후금융 시장으로 끌어올 수 있을지 고민 중"이라고 덧붙였다.

위와 같은 계산을 따를 경우 한국은 연평균 55~60조 원 수준으로 기후금융을 끌어올려야 한다. 탄소감축을 위해 필요한 투자수요는 2030년까지 290~450조 원, 2050년까지 적어도 2,000조 원 이상이 예상되는데, 정부 재정만으로 감당하기 어려운 규모다. 그만큼 금융에서 맡아야 할 몫이 크다. 에너지

* 공공정책의 수행을 통해 현재부터 미래까지 발생하는 모든 비용과 편익을 현재가치로 환산하기 위한 기준율.

전환을 위한 금융의 역할이 어느 때보다 주목받는 이유다.

물론 상황을 낙관할 수는 없다. 2025년 9월 한미 관세 협상 과정에서 미국은 한국에 3,500억 달러(약 480조 원)를 미국이 설정하는 펀드에 투자하기를 요구했다. 부담이 큰 현금 지분투자보다 상대적으로 부담이 적은 대출과 보증 등의 규모가 더 크다고 하더라도, 현실화 될 때 한국 정부의 재정 여력 위축은 불가피하다. 그만큼 기후금융에도 영향을 미칠 수밖에 없다.

희망적인 소식도 있다. 2025년 9월 신임 김성환 기후에너지부 장관은 대통령과 스타트업이 모인 간담회 자리에서 "한국이 화석연료 수입에 쓰는 돈이 240조 원*이다. 이걸 대체하는 게 기후테크"라며 기후테크 중요성을 강조했다. 이재명 정부의 정책 의지가 보이는 대목이다.

재생에너지 PF, 기후금융의 첫 시험대

기후금융은 재생에너지 보급 프로젝트나 기후변화 대응시설 등 프로젝트 파이낸싱 형태가 많다. 프로젝트 파이낸싱의 판단 근거는 차주의 담보물이 아닌 프로젝트의 사업성이다. 대형 인프라 사업에 공적 자본과 민간 자본이 공동 참여하는 경우가 많다는 점을 고려할 때, 재생에너지 인프라 프로젝트 금융(PF)도 이 맥락에서 고민하는 게 타당하다. 규제가 아닌 성

- 발전, 난방, 자동차 연료, 산업 공정 등에 쓰이는 석유, 석탄, 가스의 수입액을 의미했다.

장과 기회로 인식을 전환하는 것이 중요한 시점이다. 기후금융이 잘 돼야 돈이 생산적인 분야로 흘러갈 수 있다. 이를 위해 먼저 전제되어야 할 것을 다섯 가지로 정리해봤다.

첫째, 기후금융 활성화를 위한 주변 환경 정비와 금융권의 역량 강화가 필요하다. 금융권의 경우 먼저 기후 리스크 대응능력을 키워야 한다. 금융배출량 등 기후공시가 널리 퍼져야 하고, 친환경에 라벨을 결정하는 분류체계(택소노미)도 대폭 정비해야 한다. 기업이 기후금융 프로젝트에 투자할 수 있는 인센티브를 어떻게 만들어낼지도 생각해야 한다. 당장은 제 기능을 못 하는 탄소배출권 시장이 달라져야 하고, 궁극적으로는 한국전력 중심의 전력산업 헤게모니가 민간으로 이동해야 한다.

둘째, 민간금융 유입이 절대적으로 중요하다. 이미 정부 계획에 모험자본 조달 방안이 포함되어 있다. 관건은 주식, 채권 같은 다른 금융자산과 비교한 경쟁력이다. 민간 투자가 가능한 매력적인 사업성을 갖춰야 한다. 문재인 정부의 실패한 '그린뉴딜'처럼 적당히 구조를 짜면 안 된다. 금융연구원은 "민간 금융기관의 적극적인 동참을 끌어낼 유인책 마련 및 협업이 필요하다"고 제언했다. 모자 펀드 구조화와 자펀드에 투자하는 자금에 유인책으로 세제 혜택, 보증지원, 규제 완화, 금융 감독상 인센티브 등을 제시했다.

셋째, 연기금 활용과 기후금융 전담 공사 설립이다. 재정 투입과 민간투자 사이에 다리가 필요하기 때문이다. 일단, 대체투자 확대를 천명한 국민연금과 기타 연기금의 국내 재생에너지 인프라에 투자 확대가 필요하다. 국민연금 대체투자는 부동산 58조 원, 인프라 54조 원, 사모 벤처투자 93.6조 원이다. 국민연금 대체투자는 해외 투자 비중이 절대적이다. 국내 인프라 투자로 비중을 확대하는 대체투자 포트폴리오 변화를 생각해볼 때다. 한국투자공사(KIC)도 사실상 국부펀드인 만큼 자국 우선주의가 중요해지는 시대에 맞게 국내까지 투자 대상 교체(한국 내로 투자 비중 높이기)를 검토할 필요가 있다. 특히 이재명 정부는 기후금융을 전담할 투자 공사 설립을 적극 고려하길 바란다. 산업은행이 홀로 짐을 맡고 있는데, 지속가능한 방식은 아니다.

넷째, 한국 기후금융의 자립 전략이다. 최소 150조 원 시장인 한국의 해상풍력 PF에 산업은행만 있고, 한국 시중은행은 보이지 않는다. 나머지는 온통 외국은행이다. 한국 민간 금융기관들은 '건설사 보증이 필요하다' '추가 금리가 필요하다'라며 변명만 앞세우고 있다. 재생에너지 PF는 은행에서 관리하는 위험가중치가 높아서 대출집단 참여에 몸을 사린다. 그 사이 해외 금융기관들이 한국 바다에서 풍력발전소를 짓는 프로젝트 금융을 독차지하며 수익을 챙긴다(물론 인허가 지연으로 이들도 지금은 고전 중이다). 이는 다른 나라로 확장하는 데 유리한 경력이 되니, 두 마리 토끼를 잡는 셈이다. 게다가 프로젝트에서 해외 금융기관에 지급하는 이자의 원천은 전기 판매 수익이다. 우리 국민이 내는 돈이다. 이대로 방치할 순

없다. 한국 금융기관의 참여를 늘려야 한다. 비생산적 분야, 이를테면 부동산 PF에서 지속가능한 분야, 해상풍력 PF로 자금 이동이다.

그나마 희망적인 이유는 이재명 정부가 발표한 국정 15대 핵심 추진 과제 중 하나로 '지속성장 기반 강화'가 포함됐다는 점이다. 성장을 북돋는 금융, 즉 부동산에서 생산적인 분야로 '자금순환 대전환'이 첫 번째 꼭지를 장식했다. 미소 짓게 만드는 산뜻한 출발이다.

다섯째, 국내 제조 공급망 육성이다. 자유무역이 위협받고, 각국이 자국 위주의 공급망 재편에 혈안이 됐다. 미국의 쇼어링 압박은 트럼프 2기 내내 지속될 가능성이 높다. 공급망 재편 과정에서 한국 기업들의 제조설비가 하나둘 한국을 떠나고 있다. 우리나라의 기후금융은 국내 공급망을 우선 고려할 필요가 있다. 당장 중국산이 지배한 태양광과 풍력 기자재를 보면 한국에서 제조 공급망 육성은 쉽지 않은 도전일 수 있다. 장기적으로 보고 기후금융의 대상을 확대해야 한다. 해상풍력 기자재 공급을 위한 항만 클러스터 육성 시설자금 공급도 한 예다. 거꾸로 해외 기업을 유치하는 전략도 고려해야 한다.

기후테크, 기술을 넘어 비즈니스로

기후금융이 실제로 작동하는 또 하나의 방식은 기후테크다. 유엔기후변화협약(UNFCCC)은 기후테크를 '온실가스 감축 또는 기후변화 적응을 위한 장치, 기술, 실용적 지식 또는 방법'으로 정의한다. 태양광, 풍력 등 재생에너지, 에너지 저장장치(ESS 배터리), 에너지 효율성 향상 기술, 지속가능한 이동수단, 지속가능한 농업과 토지 이용 기술, CCUS(탄소 포집, 저장, 활용), 기후 적응 기술, 데이터분석, AI, 위성 활용 같은 기후 정보까지 범위가 넓다.

기후테크는 기후 관련 기술로 수익을 창출하는 비즈니스 혹은 회사를 뜻하기도 한다. 한국의 탄녹위는 기후기술을 '기후위기 해결을 위해 온실가스 감축 및 기후변화 적응에 이바지하는 혁신 기술을 통해 수익을 창출하는 산업'으로 정의했다. 기후기술 육성에는 기술과 산업이 모두 해당한다. 앞서 밝혔듯, 기후기술과 기후금융은 서로가 필요로 하는 공생관계다. 적절한 재원이 없으면 R&D 단계에서 혁신적인 기후 해결책이 나올 수 없다. 유망한 기후기술은 기후금융 성장을 촉진할 수 있다.

한국 탄녹위는 2023년 3월 '기후 테크 5대 분야'를 선정했다. 클린테크, 카본테크, 에코테크, 푸드테크, 지오테크다.

클린테크는 무탄소 에너지원 기술이다. 재생에너지가 아닌 무탄소(Carbon Free)라고 한 것은 SMR 같은 원자력 계열도 포함한다는 의미다. 전력망 백업 설비로서 ESS도 에너지 저장이므로 클린테크다. 카본테크의 핵심은 탄소 포집(CCUS)이다. 내연기관 자동차의 전기화도 카본테크에 포함된다. 에코테크는 자원순환, 저탄소 원료, 친환경제품 개발이다. 푸드테크는 농업과 식량에서 대체식량 관련 기술이다. 지오테크는 기후변화 모니터링 및 예측, 탄소 측정·관리를 통한 온실가스 관리 기술을 의미한다.

서울대학교 기후테크센터는 국내 기후 테크 회사들을 탄녹위의 5대 기후 테크 분류에 매칭시켰다. 한국의 기후 테크 기업은 총 560개다. 클린테크 188개, 카본테크 121개, 에코테크 119개, 푸드테크 100개, 지오테크 32개다. 글로벌 기후 테크 분포도 비슷한데, 클린테크와 카본테크가 많다. 한국이 상대적으로 많은 분야는 에코테크며 적은 분야는 지오테크다. 이는 한국에서 탄소 데이터의 활용이 활발하지 않기 때문이다. 탄소 관련 데이터를 활용할 탄소 거래 시장이 지지부진하고, 공개 정보의 고도화로 이어질 기후공시 제도가 미진한 탓이다. 글로벌시장에서는 탄소 데이터를 제공하고, 기업 ESG 역량을 평가하는 에코바디스(EcoVadis)란 프랑스 국적 회사가 유니콘*이 됐다. 한국과 큰 차이다.

5대 분야의 세부 분야를 보면 클린테크에서는 '에너지 저장'이 가장 많다. 이차전지가 활용되는 ESS가 포함된 분야다. 카본테크에선 '모빌리티', 특히 전기차와 전기차 충전 인프라, 차량용 배터리와 관련된 회사가 많다. 결국 한국의 기후테크는 이차전지 관련 업체들이 많이 포진해 있다고 볼 수 있다.

벤처기업은 투자 단계로 분류하기도 한다. 투자 단계는 기술의 상용화 가능성과 비슷하다. 벤처투자 단계는 씨앗을

• 기업가치 십억 달러 이상으로 평가받는 비상장회사

표 4-4 한국 기후테크 기술 종류별 분류

5대 분야	세부 분야	기업 수(개)	해당 분야에서 비율(%)
클린 188개	재생에너지	38	38
	에너지신산업	42	42
	탈탄소 에너지	17	17
	에너지 저장	77	77
카본 121개	탄소 포집	15	15
	공정혁신	15	15
	모빌리티	87	87
에코 119개	자원순환	60	60
	폐기물 절감	27	27
	친환경	28	28
푸드 100개	대체식품	28	28
	스마트 식품	13	13
	애그테크	56	56
지오 32개	탄소 데이터	13	13
	기후 데이터	12	12
	기후 적응	3	3

자료: 서울대학교 기후테크센터

뿌리는 단계인 Seed부터 시작해서 Series A, B, C를 거쳐 Pre-IPO(상장 직전), IPO, Post-IPO(상장 후)로 이어진다. 한국의 기후테크들을 투자 단계별로 분류하면 Seed 단계와 Pre-A 단계가 압도적으로 많다. 기술이 상용화되기 전인 초기 단계에 많이 포진된 것이다. 역동성 측면에서는 긍정적이지만, 상용화 가능성 측면에서는 다소 부정적이다.

IPO 단계를 넘어간, 즉 벤처기업의 생명주기 후반 단계에 접어든 기후테크는 41개다. 이들 중 스타트업이 투자금을 회수한 사례는 절반 이하고, 역사가 오래된 중견 기업의 상장 혹은 대기업 계열의 분리 상장이 절반 이상이었다. 기존 산업에서 기후테크 분야로 사업을 확장한 예도 제법 있었다. 서울대 기후테크센터는 '중장기적 투자가 필요한 카본테크 분야(공정 전환, 탄소 포집)나 재생에너지 분야, 그리고 산업계의 기후 리스크를 진단할 수 있는 분야에 대한 기업 수가 저조한 상황'이라고 진단했다. 이어 '제조업 중심의 경제 구조로 인해 에너지 사용량과 탄소 배출량이 많은 우리나라에서 신재생에너지 발전과 배출량 진단 및 저감 산업의 발전이 필요함을 시사한다'고 분석했다. 핵심이 돼야 할 탄소 저감 분야 기후테크가 부족하다.

2023년 5월 과학기술정보통신부와 탄소중립 기술 특별위원회는 「탄소중립 100대 핵심기술」을 선정했다. 이곳에서 선정한 100대 기술은 국가 공식 온실가스 분류인 에너지전환, 산업, 수송·교통, 건물·환경 4개 부문, 그리고 중점 분야 17개에 분포돼 있다.

우선 핵심기술 100개는 너무 많다. 핵심의 의미는 더 좁혀져야 한다. 투자와 육성 계획이 빠져 있다. 기후테크는 거론하는데 기후금융이 빠진 격이다. 이 발표의 주무 부처와 주무 위원회는 기후변화 대응 정책을 주도한 조직이 아니다. 정책이 종합적이지 못하고 산발적이다. 이재명 정부는 환경부에 산자부의 에너지 정책 기능을 이관, 기후에너지환경부를 만들었다. 탄소감축과 에너지의 불가분한 관계가 드디어 인정됐다. 아직 완성은 아니다. 기후변화 대응 정책은 금융, 예산, 기술(육성) 정책이 오케스트라처럼 서로 긴밀히 연결되어 움직여야 하기 때문이다.

한국은행의 경고, '기후기술 투자'가 멈췄다

한국은행은 기후변화의 거시경제 위험과 금융시스템에 영향을 알리는 일에 진심이다. 2024년 12월 한은은 〈한국 기후테크의 현황과 과제〉란 제목의 보고서를 펴냈다. 보고서는 기후테크 분야별 미국 특허출원 현황을 분석했다. 한국은 특허출원 건수 기준으로는 세계 3위지만, 특허 기술은 이차전지, 기업은 LG화학(LG에너지솔루션), 삼성SDI와 같은 배터리업체들로 편중돼 있다. 중장기적으로 탄소감축의 핵심기술이 되어야 할 화학·철강·시멘트 등 탄소 다배출산업의 탄소 저감 기술, 예를 들어 CCUS는 특허 실적이 거의 없다. 그리고 양적으로는 상위에 자리매김한 이차전지도 질적 평가에서는 상위권이 아니다. 한국의 이차전지 업체들은 2023년부터 실적 부진을 겪고 있다. 중국과의 경쟁도 치열하다.

보고서는 특허출원 건수와 과학기술평가원 자료를 토대로 주요 기후테크에서 최고 기술 보유국과의 기술 격차를 아래 표와 같이 비교했다.

표 4-5 주요 기후테크 분야에서 최고 기술 보유국과의 기술 격차

구분	에너지 공급	에너지 사용 여건 조성			에너지 소비		
기술 분야	재생에너지	이차 전지	수소 연료	CCUS	전기차	화학 정유 공정	ICT
기술 격차	1.5년	0.5년	5년	5년	1년	3년	2.5년

자료: 한국은행, 한국 과학기술평가원(2023) 재인용

기후테크 투자, 세계의 속도를 따라가지 못하다

한국의 기후테크 기술 중에서 수소연료, CCUS, 화학정유 공정 전환 기술은 최고 기술 보유국 대비 3~5년 뒤처져 있다. 이런 상황을 극복하려면 적극적인 투자가 필요하다. 이제까지 한국의 기후테크 투자는 소극 그 자체였다. 세계경제포럼(WEF)은 글로벌 주요국들의 에너지전환을 위한 투자를 비교했다. 재생에너지에 대한 투자가 주로 차지한다. 한국은 2021년 기준 약 130억 달러, 당시 GDP 대비 0.7%로 하위권이었다. 중국이 2,660억 달러로 압도적 1등이다. GDP 대비 투자 비중도 1.5%로 비교 대상 10개국 중에서 1위였다. 2021년 통계이므로 시의성은 떨어질 수도 있다. 하지만 투자 이후 몇 년 지난 시점에서는 기술 측면에서 성과로 나타날 수 있기에 참고할 만하다.

2023년 같은 통계에서 확인된 중국 수치는 더 놀랍다. 이때 중국의 에너지전환 투자 금액은 5,460억 달러로 2년 사이 두 배 이상 늘었다. 이 수치로 계산하면 GDP 대비 3.1%다. 절

표 4-6 글로벌 주요 10개국의 에너지전환 투자(단위: 십억 달러)

	2021	2023	증감률
중국	266	546	105.3%
미국	114	141	23.7%
독일	47	55	17.0%
영국	31	49	58.1%
프랑스	27	41	51.9%
일본	26	36	38.5%
인도	14	29	107.1%
한국	13	19	46.2%
브라질	12	23	91.7%
스페인	11	-	-
호주	-	21	-
합계	561	960	71.1%

자료: Bloomberg NEF, WEF 재인용

대 투자액으로는 10위 안에 없지만 덴마크가 GDP 비중 3.2%로 1위다. 절대 투자액이 단연 1위인 중국이 근소한 차이로 GDP 대비 투자 비중 세계 2위다. 송배전망, 철도까지 포함한 중국 자체적인 통계에 따르면 중국의 '청정에너지' 투자는 2024년 GDP의 4.5%에 이른다.•

• 'China leads in energy transition investment', 중국 국무원 홈페이지, 2025년 2월 13일. https://english.www.gov.cn/news/202502/13/content_WS67ad61d6c6d0868f4e8ef9c0.html

중국의 기후테크, 청정에너지 투자의 중심은 전기다. 전기차, 배터리와 이를 위한 강전(强電) 및 소프트웨어 분야에 대한 투자다. 중국은 태양광, 풍력 공급망에 이어 배터리, 전기차에서도 세계시장을 석권할 기세다. 테슬라의 대항마인 중국 전기차회사 BYD의 약진을 참고하면 된다. '아…. 이 게임은 중국이랑 안 되는구나'라는 생각을 계속하게 된다.

한국의 에너지전환 투자는 2021년에 비해서 2023년에 46.2% 증가했다. 주요국 중에서 독일 17%, 일본 38.5%, 미국 23.7% 보다는 증가율이 높다. 하지만 에너지전환 수준이 글로벌 주요국 대비 저조하다. 투자를 훨씬 더 많이 늘려야 한다.

미중이 선점한 기후테크 유니콘 기업들

유니콘은 스타트업의 꿈이고 훈장이다. 글로벌 기후테크 유니콘은 39개다(2025년 3월 웹사이트). 국적별로 미국 14개, 중국 14개, 유럽과 캐나다가 각 11개다. 한국은 없다. 아시아에서는 중국만 있다. 중국 기후테크 유니콘들은 태양광, 배터리, 전기차 기술에서 많이 탄생했다. 미국과 유럽도 전기차와 배터리가 있지만 탄소 포집, 탄소 데이터, 수소, 핵융합, 식량 기술 등 기후테크의 간판 기술이 분산된 편이다.

모닝스타는 글로벌 펀드 관련 다양한 데이터를 제공한다. 모닝스타 피치북 글로벌 기후테크 유니콘 지수(Index)는 기후 기술 산업 분야에서 최소 10억 달러의 가치를 지닌 비상장 벤처캐피털 지원 기업들을 추종하는 지수다. 기후테크 유니콘

표 4-7 모닝스타 글로벌 기후테크 유니콘 인덱스 TOP10 비중 기업

회사명	국적	기술
Gac Aion	중국	전기차
Tae	미국	퓨전 에너지 기술
Impossible Foods	미국	대체육
Svolt	중국	배터리
Envision Aesc	중국/일본	배터리
Neta Auto	중국	전기차
Helion	미국	퓨전 에너지 기술
Redwood Materials	미국	리튬이온 배터리 리사이클링
Sunwoda Evb	중국	배터리
Chint(Zhejiang)	중국	스마트에너지시스템

자료: 모닝스타

지수의 Top 10 구성 종목은 중국과 미국 기업이 양분한다. 중국이 일본과 합작기업인 Envision AESC까지 합쳐서 6개, 미국이 4개다. 1위는 중국 전기차업체 아이온(GAC AION)이다. 아이온 외에도 중국의 배터리와 전기차업체들이 다수 포진돼 있다. 미국은 융합(fusion) 에너지 업체 두 개, 그리고 오래전부터 대체육 업계에서 입지를 다져온 임파서블 푸드, 배터리 재활용업체 레드우드 머트리얼이 Top 10에 이름을 올렸다. 한국 기후테크는 유니콘 지수에 포함된 종목이 없었다.

여기서 잠깐

글로벌 전기차 판매 TOP10에 중국 회사가 6개

한국 언론들이 한국 전기차가 글로벌 최고의 전기차로 평가받았다는 기사를 열심히 전달할 때, 세계 전기차 시장은 중국 위주로 재편되고 있다. 실속은 중국이 챙긴다. 2024년 전기차 판매량 1위는 414만 대를 판 중국의 BYD였다. 점유율이 23.5%로 2위 테슬라의 10.1%와 두 배 이상 차이난다. BYD 판매량은 2024년 43.4% 성장했고, 테슬라는 제자리걸음을 했다. 전통적인 글로벌 자동차 회사에서는 폭스바겐, 현대/기아차, BMW가 10위 안에 있다. 중국 회사들은 BYD부터 Li auto까지 무려 6개 회사가 포함되어 있다. 모닝스타 유니콘 인덱스에 가장 큰 비중을 차지하고 있는 GAC Aion은 10위권에 바짝 붙어 있다. 현대/기아의 점유율은 3.1%로 7위다.

중국 전기차 브랜드의 장악은 중국 내수 탓이 크다. 중국에서는 이제 전기차가 한 달에 150만 대씩 팔린다. 중국 안에서만 많이 팔린다고 평가절하할 일이 아니다. 중국이라는 풍부한 내수 기반 위에 이루어지는 치열한 경쟁은 필연적으로 기술을 발전시킨다. 글로벌 태양광발전 제조시장을 중국이 장악한 방식이 좋은 예다. 자동차와 태양광 패널에 대한 소비자의 선택 기준은 다르다. 자동차는 취향이다. 그렇다고 중국 전기차가 태양광처럼 세계시장을 석권하지 못하리란 법도 없다. 이미 압도적인 가격 경쟁력을 갖춘 상태에서 성능과 디자인까지 개선하고 있기 때문이다. 독일차

사랑이 남다른 한국에서도 BYD가 판매를 시작했다. 2025년 1월 중국의 딥시크가 글로벌 AI 업계에 쇼크를 주었다. 얼마 지나지 않아 3월에는 BYD가 세상을 놀라게 했다. '5분에 470km'를 충전하는 충전시스템을 내놓은 것이다. 경이로운 수준이다. 이날 테슬라 주가가 5% 하락한 건 당연한 일이었다.

한국 기후테크의 현주소: 수소와 CCUS

한국이 온실가스 감축목표를 달성하려면 현재 계획에선 수소와 CCUS 활용이 꼭 필요하다. 수소와 CCUS에서 기후테크의 현주소를 파악할 수 있다.

수소는 문재인 정부와 윤석열 정부가 유일하게 공통으로 밀었던 에너지다. 2019년 〈수소경제 활성화 로드맵〉은 수소 생산에서 유통, 소비까지 생태계 조성 계획을 담았다. 수요처인 수소차와 수소 연료전지 발전을 키우는 게 목표였다. 그러나 수요처 확대 전략은 실패로 흘러가고 있다. 핵심은 기술개발 실패다. 수소 생산원가를 낮추는 일이 수요처 확대와 소비 대중화의 열쇠인데 기술개발 실패로 난항이다.

수소차와 연료전지 미래 전망이 암울해진 가운데, 수소업계의 희망은 화석연료 혼합 연소 발전으로 바뀌었다. LNG에 수소, 석탄에 암모니아를 섞어 발전하면 온실가스가 덜 발생한다. 그런데 그 수소가 문제다. 한국에서 유통되는 수소는 석유화학 공정에서 발생하는 부생가스나 원자식이 메탄(CH4)인 LNG를 기반으로 만든 그레이수소•다. 온실가스 감축 효과가 크지 않다. 재생에너지 전기로 물을 분해해서 생산한 그린수소는 현재 재생에너지 발전 환경에서는 국내 공급이 불가능해서 애초부터 호주와 중동에서 수입할 계획이었다. 그만큼 비쌀 수밖에 없다. 수소 생산을 위한 전기분해는 원래 재생에너지로 발전한 '남는 전기'를 전력 계통에 보내기 어려울 때 쓰자는 아이디어였다. 유럽에는 재생에너지의 ESS 같은 백업 설비로 태양광, 풍력발전소 인근에 수소 전기분해 시설이 많다.

    한국에서는 수소가 화석연료 사용의 연장 수단으로 흘러가고 있다. 수소, 암모니아 혼소 확대도 계획처럼 순조롭지는 않아 보인다. 정부는 수소 혼소를 위해 청정수소 발전 의무화 제도(CHPS)를 마련했다. 2024년 첫 입찰에서 확보하고자 예정했던 물량의 11%만 확보했다. 비싼 암모니아와 수소 가격으로 사업성이 안 나온다고 판단한 발전사들이 입찰에 전기판매가격을 kWh당 400원대, 심하게는 600원대로 적어냈다. 150원 남짓 받고 전기를 파는 한국전력이 수소를 섞어 만든

- 석유, 가스 등 화석연료를 개질하여 얻는 수소. 생산과정에서 이산화탄소가 대량으로 배출된다. 그레이수소를 생산할 때 발생하는 이산화탄소를 포집 저장하여 탄소배출을 줄인 수소를 블루수소라고 한다.

전기를 비싸게 사줄 수 없는 노릇이다. 수소 육성 계획은 전반적으로 축소 수정돼야 한다. 이재명 정부는 일단 청정수소 생태계 조성을 국정 계획에 넣으면서 수소를 외면하지 않았다. 장기 전력수급계획을 부정할 수 없었기 때문이겠지만, '청정' 수소를 만드는 만만치 않은 숙제가 남았다.

CCS, 포집보다 더 어려운 건 저장이다

한국의 온실가스 감축 계획은 2018년 대비 2030년 온실가스 순배출량 40% 감축이다. 2030년 목표 배출량 436.6백만 톤에는 CCUS가 마이너스로 1,120만 톤이 포함돼 있다. CCS 탄소 포집저장 480만 톤, CCU 탄소 포집 활용 630만 톤이다. 총배출량에 비하면 많은 양이 아니지만 아직 구현되지 않은 기술이란 점에서 적은 양도 아니다. 정부는 2024년 2월, 일명 CCUS 법을 제정, 공포했다. 포집한 이산화탄소와 이를 활용하여 생산한 물질 또는 물건은 폐기물관리법상 폐기물에 해당하지 않도록 함으로써 포집, 저장, 활용의 근거를 만든 법이다. 이렇듯 계획은 있고, 기본적인 법도 마련한 상태다. 문제는 기술이다. CCS는 먼저 탄소를 포집하고 저장할 공간이 필요하다.

글로벌 기후테크 유니콘인 클라임워크스(Climeworks)는 직접 공기 포집(DAC: Direct Air Capture)의 강자다. 클라임워크스는 지열에너지로 유명한 아이슬란드에서 탄소 저장 프로젝트를 시행 중이다. 포집한 이산화탄소를 아이슬란드의 현무암

지층에 영구적으로 저장하는 사업이다. 미국의 석유 메이저들은 고갈된 유전에 탄소를 저장하는 방안을 모색하고 있다.

한국 정부의 탄소 저장 프로젝트는 위기다. 애초 정부는 서해 대륙붕, 동해 가스전, 해외 저장소를 생각하고 R&D를 실행했다.* 국가 온실가스 감축 계획에 따르면 2030년부터 480만 톤을 포집해 저장한다. 문제는 저장할 곳이 없다는 점이다. 서해 대륙붕 과제는 취소됐고, 해외에서 저장공간 확보도 경제성 때문에 불가능한 쪽으로 결론이 난듯하다. 동해 가스전은 활용할 수 있지만 총저장량이 1,166만 톤으로 7년밖에 사용하지 못한다. R&D 보고서를 입수해서 분석한 플랜1.5의 보고서 내용이다.

한국의 기후테크 투자는 배터리 등 이미 상업화된 기술에 대한 투자가 절반을 웃돈다. 반면 CCUS는 1%에 불과했다. 장기적으로 수소와 CCUS와 같은 기후테크 육성도 과제지만, 당장 비상이 걸린 온실가스 감축 계획은 수정이 불가피하다. 한국은 2030년까지인 국가 온실가스 감축 계획을 2035년까지 확장, 2026년 초에는 UNFCCC에 제출해야 한다. 한국이 기존 계획에서 수소와 CCUS의 기여를 줄이고, 전체 감축량을 줄일 수 없다면 대안은 재생에너지 확대밖에 없다. 태양광과

• '대륙붕 탐사·시추를 통해 경제성과 안전성을 고려한 1억 톤 규모의 국내 대규모 CCS 저장소 확보를 추진'하고 '2050년까지 10억 톤 규모의 저장소 확보 추진 필요(2050 탄소중립 시나리오)' – 국가 탄소중립 녹색성장 기본계획 중에서

풍력의 보급도 늘려야 하고, 가동률도 높여야 한다. 반복하지만 송배전망과 백업 설비 확대는 이미 너무 많이 늦었다. 지금이라도 절체절명의 각오로 서둘러야 한다.

기후테크와 탄소시장, 함께 살아야 한다
이런 부정적 환경을 극복하려면 어떻게 해야 할까. 기후테크 육성은 반도체산업 지원만큼 중요하다. 국가 산업정책을 만드는 관료가 냉철하게 판단해야 하고, 기업가는 진실하게 조언해야 한다. 치밀한 육성 전략이 필요하다. 기후금융의 다른 영역인 기후테크와 탄소시장을 살리는 방안을 제안한다.

첫째, 기후테크에 투자가 늘어야 한다. 기술과 금융의 연계 강화다. 저탄소 공정 개발, 탄소 포집, 에너지 효율성 개선 같은 기후기술이 궤도에 오르려면 성공의 확신이 보이지 않아도 버틸 수 있는 인내심 있는 투자가 필요하다. 어렵게 볼게 아니라 이게 R&D의 본질이다. 세계 주요국 대비 한국의 에너지전환 투자는 절대 규모나 GDP 대비 하위권이다. 저탄소 에너지 기술에 대한 정부의 R&D 투자 비중도 낮은 편이다.• 투자자들은 명확한 확장 경로와 상업적 실행 가능성을 갖춘 기후테크를 찾는다. 돈이 흘러갈 수 있도록 정부는 벤처캐

• IEA에 따르면 저탄소 에너지지 기술에 대한 한국 정부의 R&D 투자 비중은 2011년 3.8%에서 2021년 2.9%로 감소했으며 이는 통계가 없는 중국을 제외 10대 선도국 중 가장 낮은 수준이다(한국은행, 2025).

표 4-8 기후금융의 과제: 기후테크 육성과 탄소 '시장' 활성화

분류	내용
기후테크 육성	• 기후기술과 금융의 연계 강화 • 벤처캐피탈의 기후기술 투자 확대, 한국판 브레이크스루 에너지 벤쳐스 만들기 • CCUS, 산업 공정 전환 같은 전환 기술 투자 포기해선 안 돼 • 초기에 인내자본 투자 필요 • 태양광 풍력 재생에너지 확대는 더 강화해야(재생에너지 확대를 위해선 전력산업 구조개편 동행)
탄소 '시장' 활성화	• 탄소배출권 가격상승 유도, 기업의 탄소감축 기술 개발 유도 • 2026년부터 시작인데, **유상 할당 비중 결론 못 내고 지연 중인 제4기 배출권거래제 개편**

피털의 원천적 자금줄인 모태펀드를 키워야 한다(기후금융 계획에 포함되어 있었다). 연기금, 공제회를 활용한 인내자본(patient capital)˙도 늘어야 한다. ESG 금융이라고 불리는 지속가능 채권과 대출도 마찬가지다.

공적 금융만으로는 충분하지 않을 것이다. 빌 게이츠가 설립한 브레이크스루 에너지 벤쳐스(Breakthrough Energy Ventures)란 회사가 있다. 온실가스 배출 감축 기술을 개발하는 전 세계 기업들, 즉 기후테크의 설립과 성장을 지원한다. 35억 달러 이상의 투자자금을 확보했고 110개 이상 기업에 투자한다.

• 인내자본은 즉각적인 재정적 이익보다 지속가능한 성장과 잠재적인 사회적 영향력을 우선시하면서 수익을 기다릴 의향이 있는 장기 투자 자본을 말한다. 초기 단계 또는 성장단계의 비즈니스에 주로 사용된다. 주로 연금, 국부펀드, 대학 기부금 등이 인내자본의 역할을 맡는다.

이 회사의 투자 기준이 눈에 띈다. '매년 5억 톤의 온실가스를 감축하는 기술을 대량 개발할 수 있는 잠재력이 있는 회사'에만 투자한다. 한국에 브레이크스루 같은 투자회사가 탄생하길 꿈꾼다.

R&D 확대와 기후테크 투자와 더불어 관련 제도 변화도 시급하다. 중국과 경쟁 분야인 장주기 ESS 개발에 투자가 늘어나려면 분산 전원 확대에 인센티브를 제공하고, 계시별 차등 요금을 확대하는 전력 요금제 변화 같은 전력시장 제도 변화가 필요하다. 지오테크의 탄소 데이터 산업도 그렇다. 기후공시 의무화를 서두르지 않으면 탄소 데이터에 대한 수요 증가는 그냥 그저그런 수준에 머물 가능성이 높다.

둘째, 탄소시장이다. 기후금융이 성공하려면 탄소시장 활용이 꼭 필요하다. 탄소시장이 탄소감축과 기후기술 개발 유인을 제공할 수 있어야 한다. 탄소배출 비용이 오르면 탄소 저감 기술 수요가 커져 기후테크 투자가 촉진될 수 있다. 문제는 기후테크 개발에 동기를 부여하기엔 현재 한국의 탄소배출권 가격이 너무 낮다는 점이다. 탄소 배출량이 많은 산업에 공짜로 배출할 수 있는 권리(무상 할당)를 많이 부여했기 때문이다.

블룸버그는 2024년에 내놓은 'CCUS 시장 전망'에선 CCUS의 비용을 단계별, 산업별로 분석했다. 기체 상태에서 이산화탄소 농도가 높은(포집이 쉬운) 산업은 톤당 20~28달러, 한국 최다 배출기업이 속한 철강산업은 포집에 톤당 72달러, 운송과 저장 방식에 따라 20~50달러로 총 CCUS 비용은

92~130달러였다. 만약 이산화탄소를 액화해서 운반한다면(인근에 저장시설이 없다면) 운송비는 2배 내지 4배가 더 든다. 그리고 공기 중 직접 포집(DAC) 방식은 기존 분석보다 훨씬 더 올라서 톤당 1,100달러로 추산했다. CCUS와 DAC가 널리 채택되려면 비용을 크게 낮추거나 탄소시장에서 비용을 커버할 정도로 탄소 가격이 올라야 한다.

    기술 개발에 따른 비용 감소는 인내자본과 같은 다른 금융이 지지해줘야 하지만, 시장이 유지되고 거기에서 어느 정도 비용과 가격의 격차가 줄어야 R&D 희망이 유지된다. 한국에서 탄소 가격이 7달러에 머문다면 CCUS 기술 개발은 정부 보조금 의존에 의존이 커질 가능성이 높다. 지속가능한 방식도 아니고 배출량에 따라 기업이 부담해야 할 짐을 국민이 나누어 맡는 셈이어서 공평하지도 않다.

    참고 사항이지만 정부가 탄기본에서 제시한 2030년 온실가스 배출권 가격 전망은 톤당 6만1,400원이었다. 2025년 4월 가격보다 7배가 높다. 배출권 제도에 변화가 필요하다. 다행스럽게 한국은 2026년부터 새로운 제4기 배출권거래제를 앞두고 있다. 2024년에 개편안을 확정한다고 했는데, 2025년 9월 기준, 아직까지즉 결론을 내지 못하고 있다. 탄핵 정국으로 인한 행정 공백, 새 정부 출범, 이어진 정부 조직 개편 논의로 시간이 흘러간 면도 있지만 개편안을 두고 이견이 크기 때문이기도 하다. 골자는 배출량에서 어느 정도까지 무상으로, 즉 공짜로 배출하도록 허용할 것인가다. 배출량이 큰 기업은 유상할당 비율 상향 조정에 집단으로 반기를 들고 있고, 반대로 탄소가격이 올라야 사업성이 보이는 기후기술 기업은 지금 같은 맹탕 배출권 제도가 이어지지 않기를 바란다. 유상할당 비율 결정은 누구에게는 회사 명운을 가르는 결정이다.

    한국은 탄소시장에서도 할 일이 많다. 다른 나라들이 시작한 자발적 탄소시장(VCM)*도 성공적으로 정착시켜야 한다. 가격상승이 정책 목표가 될 수는 없겠지만 정부도 기업도 온실가스를 배출하는 비용이 지금보다 한참 올라가야 한다는 사실을 받아들여야 할 것이다. 적어도 기후변화 대응을 약속했다면 말이다.

기후금융 없이는 코스피 5,000도 없다

한국 코스피 5,000포인트가 희망으로 제시됐다. 장기간 부진했던 한국 증시가 이재명 정부 출범 기대를 동력 삼아 반응하고 있다. 연초 코스피는 2,400포인트로 출발했는데 대통령이 취임한 6월 초에 2,700포인트를 돌파하고 2025년 9월에는 사상 최고치를 경신하며 3,400pt 고지에 올랐다. 역대 대통령 100일 상승률 1위라고 한다.

    하지만 목표인 5,000포인트, 코리아 밸류업까지는 갈 길이 멀다. 얼핏 보면 주가 상승과 그다지 관련이 커 보이지 않

• 기업이 규제 준수와 무관한 탄소 회피 제거 실적을 제3자에게 인증받고 거래하는 시장.

는 기후금융에 적지 않은 지면을 할애한 이유는 증시 밸류업을 한국이란 '국가 밸류업'으로 접근해야 하기 때문이다.

기업 하나하나가 모인 밸류업이 국가 밸류업이다. 현재 밸류업 프로그램과 거버넌스 개혁만으로는 국가 밸류업이 충분하지 않다. 이재명 정부 들어 거버넌스 개혁은 순조롭다. 상법 개정으로 큰 획을 그었고 차례로 보완 입법이 이어지고 있다. 배당 확대, 자사주 소각 등은 거버넌스 개혁이라면 당연히 해야 했을 비교적 손쉬운 일이다. 그 과정에 잡음은 있을 수 있지만 순리대로 갈 것으로 예상한다.

주가는 '주가배수 곱하기 실적'으로 풀어 쓸 수 있다. 'PER 혹은 PER이 높다 낮다'라고 말할 때 PER, PBR이 바로 주가배수다. 거버넌스 개혁은 주가배수를 올리지만 실적을 단기적으로 크게 끌어올릴 순 없다. 결국 실적이 중요하다. 본업의 실력이 주가를 정한다. 한국 증시를 올려야 하는 숙제를 재무적으로 다시 쓰면 ROE를 올리고, 투자에 따르는 위험인 COE를 낮추는 일이다.* ROE 상승에는 여러 방법이 있지만 매출액과 영업이익이 좌우하는 기업 이익이 근본이다. 정부는 기업과 호흡을 맞춰 이익을 늘리는 정책을 찾고, 한편으로 한국 증시의 투자위험을 낮추는 일에도 집중해야 한다.

- PBR = ROE/(COE-성장률), ROE는 Return on Equity 자기자본수익률, COE는 Cost of Equity 자기자본비용. 성장률은 순이익의 성장률, 배당성향이 일정하면 배당성장률.

기후변화 대응을 소홀히 하면 앞으로 기업 본업에서 타격을 입을 것이다." 기업이 타격을 입으면 결국 나라 경제가 어려워진다. 정부 역할이 중요한 이유다. 금융위원회는 주주환원과 밸류업을 책임지도록 하고, 정부의 높은 곳에선 한국의 '밸류다운'을 막을 기후변화 대응책을 생각해야 한다. "한국은 기후변화 대응에서 낮은 평가로 BM보다 실제 투자비중을 낮춰야 하는 일이 자주 벌어진다." 홍콩 자산운용사 펀드매니저의 귀띔이다. MSCI 선진국 지수 편입을 노리는 정부가 새겨들어야 할 내용이다.

다음 유니콘은 '기후테크'에서 나온다

밸류업에 눈을 돌려보자. 주주환원에 일신된 모습을 보인 기업의 주가가 오를 수 있다. 그것만으로는 부족하다. 한국 증시에 새로운 스타가 나와야 한다. 반도체, 바이오, 이차전지, 조선, 방산, K를 앞세운 미용 의료산업 등 한국 기존 산업의 주가 상승을 바라마지 않는다.

- 2023년 8월 사이언스 저널에 '의무 공개로 기업의 탄소 피해가 드러날 것이다(Mandatory disclosure would reveal corporate carbon damages)'라는 제목의 논문이 실렸다. 논문은 전 세계 17개국 15,000여 개 상장기업 대상 조사 결과, 기후공시 의무화가 시행되었을 때 기업이익이 단순평균으로 44% 줄어들 것을 예상했다(탄소가격 190달러/톤, 스코프 1 배출량 기준). 국가별 기업이익 감소 폭을 비교했을 때 1위는 130%의 러시아였고, 한국은 46%로 인도네시아, 인도, 멕시코, 중국, 남아공 다음으로 높은 7위였다. 한국 아래에는 독일부터 영국까지 10개 국가가 있다.

증시는 늘 새로운 스타를 갈망한다. 만약 한국에서 글로벌 기후테크 유니콘이 탄생해 외국인 투자자들의 주목을 받으며 코스피에 상장한다면 어떨까. 기후변화 대응 노력이 부적절하다고 분류돼 투자자들이 외면하던 한국의 석유화학 기업이 오랜 노력 끝에 시장이 깜짝 놀랄만한 실적을 냈다. 실적 턴어라운드의 견인차가 이차전지 소재 신기술이고, 후견에 에너지전환을 돕는 기후금융이 있었다면 어땠을까. 진정한 코리아 밸류업의 모습이다.

주식 투자자들은 밸류업 수혜 기업 찾기에 골몰한다. 필요한 일이다. 지평을 조금 넓히길 바란다. 거버넌스 개혁으로 주주환원을 더 많이 할 기업을 찾는 일은 재무적 수치 여럿을 활용해서 걸러내는 작업에 가깝다. 정성분석으로 다듬어지긴 하지만 단기적인 레이스에 필요한 전략이다. 밸류업 본질인 장기투자에 적합하다고 보기 어렵다. 기후변화와 같은 장기 주제에 지속가능한 방식으로 가치를 크게 키울 회사 찾기를 병행해야 한다. 정부는 이런 방식으로 투자한 사람들이 자본시장에서 승자가 되도록 시장을 유도해야 한다.

2025년 9월 국정과제가 정해졌다. 지속적인 미래성장동력 창출을 위해 과학기술 인재 확보, 글로벌 유니콘 50개 육성, 첨단산업 혁신 생태계 구축이 들어갔다. 유니콘 50개 육성에 주목한다. 에너지전환과 기후테크에서도 많은 유니콘이 탄생하기를 기대한다.

5장

주주권 강화에서 코리아 프리미엄까지

'Who Cares Wins', ESG의 시작과 투자 철학의 전환

ESG(Environmental, Social, Governance)는 기업의 지속가능성을 평가하는 핵심 기준으로, 환경(E), 사회(S), 지배구조(G) 세 영역에서 기업이 얼마나 책임감 있고 투명하게 운영되는지를 본다. 단기적 이익보다 장기적 가치와 사회적 책임을 중시하는 경영 원칙으로, 최근에는 투자와 정책 결정의 핵심 지표로 자리 잡고 있다.

ESG라는 개념이 처음 대중에게 각인된 건 2004년, UN 사무총장 코피 아난이 작성한 'Who Cares Wins'라는 보고서에서부터였다. 그는 이 보고서에서 "기업이 환경과 사회, 그리고 지배구조를 고려할 때 더 나은 성과를 낼 수 있다"며, 금융시장이 지속가능성과 책임투자를 중심으로 재편되어야 한다고 강조했다. 당시 코피 아난 총장은 금융기관 최고경영자들을 초청해 "금융시장이 환경·사회·지배구조(ESG) 요인을 투자결정 및 자산운용에 체계적으로 반영해야 한다"는 논의를 제안했고, 이 논의를 바탕으로 금융기관들의 연합체가 만들어졌는데, 그 결과물이 바로 'Who Cares Wins' 보고서였다. 이 보고서는 금융시장에서 ESG 요인을 통합하는 데 대한 가이드라인 및 권고사항을 담고 있으며, 금융부문이 ESG를 단순한 윤리적 선택이 아니라 리스크 관리·가치창출의 관점에서 접근해야 한다고 주장했다.

이후 2005년 UN 책임투자 원칙(Principle of Responsible Investment, PRI)이 탄생했으며, 책임투자는 2010년대 들어 차차 ESG 투자로 자리를 잡아갔다. 이렇듯 ESG 투자는 기존 투자 방식에 관한 변화의 목소리에 부응해서 발생한 또 하나의 새로운 투자 방식이다. 기존 투자 방식을 대표하는 것으로는 주주자본주의와 재무 중심의 가치투자가 있다.

ESG와 주주자본주의, 충돌인가 진화인가

주주자본주의는 주주를 위한 재무적 수익 극대화를 기업의 주요 목표로 삼는 전통적인 비즈니스 모델이다. 경제학자 밀턴 프리드먼이 대중화시킨 이 접근 방식은 기업의 주요 사회적 책임을 법적, 윤리적 경계 내에서 운영하면서 이익을 늘리는 것이다. 1970년 9월 13일 프리드먼은 〈월스트리트저널〉에 '프리드먼 독트린'이란 제목의 글을 실었다. "기업 경영진은 주주에 의해 고용된 사람이다. 그들은 주주에게 직접적인 책임을 지고 있다. 이 책임은 법과 윤리에 반영된 사회의 기본 규칙을 지키면서 가능한 한 최대한 많은 돈을 버는 것이다."

주주자본주의와 ESG는 주요 목표, 가치 창출, 리스크 관리, 투자 접근 방식 등에서 차이가 있다. 주주자본주의는 수익과 주가 상승이 중요하고, ESG 투자는 장기적 위험관리와 지속가능성 확보를 놓치려 하지 않는다. 수익을 위해 비용 절감과 효율성을 강조하는 주주자본주의 입장에서 '환경·사회 이슈에 돈을 쓰는' ESG는 탐탁지 않다.

주주자본주의는 외부 위협요인에 사후적 대응, ESG는 회복 탄력적(resilient)인 비즈니스 모델을 만들기 위해 환경·사회·거버넌스 리스크를 선제적으로 관리하는 차이가 있다. 돈 쓰는 데 시각차가 있는 것이다. 결정적으로 충돌이 불가피한 이유는 투자자는 주로 단기 성과에 집착하고, ESG는 장기적이라는 점이다.

그렇다고 주주자본주의와 ESG가 화합하는 게 불가능한 건 아니다. 많은 현대 기업과 투자자들은 재무성과와 광범위한 사회적 영향이 상호 배타적이지 않다는 점을 인식하고 중간 지점을 찾고 있다. 투자자와 기업은 경쟁력 있는 재무적 수익을 창출하는 동시에 긍정적인 사회·환경적 영향을 창출하고자 하는 복합형 접근 방식을 점점 더 많이 채택하고 있다.

투자와 비즈니스의 미래는 한 가지 모델을 엄격하게 고수하기보다 신중한 통합이 중요하다. 이런 관점에서 ESG 투자는 주주가치를 장기적으로 높이는 방법으로 볼 수 있다. 기

표 5-1 ESG 투자와 가치투자 비교

요인	ESG 투자	가치투자
초점	총체적인 성과: 재무적 지표와 ESG 요소의 균형	재무적 가치 주주이익 극대화
투자 기간	장기 지속가능 성장	장기 재무적 성장
리스크 평가	넓은 체계적 위험	재무 펀더멘털
평가지표	재무적 지표와 지속가능성 지표의 결합	재무 비율(PER, ROE), 안전마진, 경제적 해자●

- 과거 중세 시대에 성 밖의 둘레를 파서 적의 침입에 대비하기 위해 만든 연못. 워런 버핏은 해자를 경제적 개념으로 끌어들여 한 회사를 경쟁사들로부터 보호하는 독점적인 경쟁력으로 표현했다. 애플의 예를 들면 버핏은 상표인지도, 다른 애플 제품에 락인효과, 고객의 충성도, 강력한 현금흐름과 주주환원을 경제적 해자로 생각했다.

후변화 대응이 미흡한 기업은 소송·평판 위험은 물론 자산 손상과 같은 재무 손실에 더 많이 노출된다. 지속가능 펀드를 운용하는 매니저들은 네거티브 스크리닝 원칙●에 따라 기후변화 대응이 부진한 주식을 매도할 수 있다. 이런 관점에서 ESG 투자와 주주자본주의는 대립하지 않는다. 주주자본주의는 주주 수익 극대화에만 매몰된 개념에서 벗어나, 장기적인 가치 중심의 주주자본주의(Long-term Shareholder Capitalism)로 변

- 술, 담배, 무기, 도박, 핵에너지 등 특정 산업이나 환경, 사회, 지배구조(ESG) 기준에 맞지 않는 기업에 투자하지 않는 투자 전략을 의미한다. 이는 특정 분야의 기업을 포트폴리오에서 배제함으로써 ESG 관련 위험을 관리하고 책임투자를 실천하는 방식이다.

화해야 한다. 이 과정에서 필요한 현실적인 방안이 바로 ESG 투자다. ESG 투자는 이해관계자자본주의와 동일시될 수 없고, 동시에 주주자본주의에서 배척돼서도 안 된다.

가치투자와 ESG, 펀더멘털이 만난 지속가능성

일부는 '가치투자'를 ESG 투자와 혼동하기도 한다. 스스로 자신의 투자 방식을 가치투자라고 부른 적은 없지만, 가치투자는 벤저민 그레이엄이 개척하고 워런 버핏에 의해 대중화됐다고 평가받는다. 1949년 발간된 《현명한 투자자(The Intelligent Investor)》에는 벤저민 그레이엄의 가치투자 철학이 고스란히 녹아 있다. 가치투자는 내재가치보다 낮게 거래되는 저평가된 종목을 발굴하는 투자 방식으로 재무와 기본적 가치분석을 주로 활용한다. 종목을 선정할 때는 내재가치와 시장가치의 차이인 안전마진(margin of safety)을 중요시한다. 전통적인 투자 방식인 가치투자와 2000년대 이후 부상한 ESG 투자는 기본 철학과 접근 방식, 지향점 등에서 차이가 있다.

워런 버핏은 ESG에 별로 관심을 두지 않는다. 그는 강력한 거버넌스가 자연스럽게 좋은 비즈니스 성과로 이어진다고 믿지만, ESG를 신봉해서 그런 건 아니다. 그는 전통산업에 꾸준히 투자해왔으며, 특정 산업을 배제하는 방식의 ESG 투자를 탐탁지 않게 여긴다. 예를 들어, 그의 회사 버크셔 해서웨이(Berkshire Hathaway Inc.)는 미국의 옥시덴털 페트롤리엄, 일본의 종합상사 같은 석유 및 가스산업에 많이 투자한다.

워런 버핏의 투자 방식을 보면 ESG 투자와 가치투자의 공통점을 찾기 어려워 보인다. 그렇지만 조금씩 거리가 좁혀지는 모습도 있다. 가치투자가 중시하는 재무성과에 ESG가 영향을 미친다는 인식이 커지고 있으며, ESG 관행과 경제적 해자와 같은 재무 회복력 간의 유의한 상관관계를 입증하는 통계도 발표된다. 이러한 흐름은 ESG 관행을 갖춘 저평가기업을 발굴하는 투자 방식으로도 나타나고 있다. 이를 'ESG 강화 가치투자'(ESG-Enhanced Value Investing)라고 부르기도 한다. 현대의 투자자들은 점차 재무적 펀더멘털과 광범위한 지속가능성을 함께 고려할 것을 요구받고 있다. 가치투자의 본령인 기업의 주주환원과 지속가능 중시 경영은 기업 거버넌스 변화 요구가 거센 한국 같은 나라의 ESG 투자의 주요 주제이기도 하다.

ESG 투자, 이해관계자 자본주의를 넘어

이해관계자자본주의는 기업이 단순히 주주의 이익에만 집중하는 것이 아니라, 종업원과 고객, 공급업체, 지역사회, 환경 등 다양한 이해관계자의 이익을 동시에 고려하며 '경영'하자는 철학이다. '모든 이해관계자는 중요하고, 우리는 회사의 미래 성공을 위하여 그들 모두에게 가치를 제공할 것을 약속한다'라는 2019년 비즈니스 라운드 테이블(Business Round Table: BRT)을 통해 확고해졌다. 이해관계자자본주의는 단기적인 주주이익 극대화보다 기업의 의사결정 과정에서 장기적 사회적 가치와 지속가능성을 우선시한다.

적지 않은 사람들이 ESG를 이해관계자자본주의와 같다고 본다. 이런 관점은 ESG와 투자를 어울리지 않는 조합으로 평가한다. ESG에서 주가는 부차적이다. 그러니 'ESG로 ROE를 올리고 COE를 낮춰 밸류업을 이루자'는 주장은 억지스럽게 보인다.

출발이 잘못됐다. ESG와 이해관계자자본주의는 같은 개념이 아니다. 주지하다시피 ESG는 환경, 사회, 지배구조 성과를 측정하는 프레임워크다. ESG는 리스크와 지속가능성을 평가하는 도구로 이해관계자자본주의를 지원한다. 그 자체가 이해관계자자본주의를 대표하지 않는다. ESG는 투자와 경영에서 변화를 요구하는 시각이다. ESG 투자는 자선이 아닌 엄연한 자본시장에서 존재한다. 투자의 목표인 수익률(위험조정 수익률)을 벗어나 생각할 수도 없다.

서스틴베스트의 류영재 대표는 ESG를 "기업의 부가가치 창출 과정에서 비관습적이고 중대한 경영 위험과 기회 요소들을 경영함으로써 기업 가치를 극대화하고자 하는 일종의 경영 행위"라고 정의한다. 이런 관점에서 ESG는 착한 경영, 사회공헌 차원의 문제가 아니다. 비관습적인 위험과 기회를 식별하고 관리하는 과정에서 이해관계자와 관련될 수밖에 없지만, ESG를 이해관계자자본주의와 동일시해선 안 된다는 것이다.

ESG vs. 책임투자, 닮은 듯 다른 투자 철학

한국의 국민연금은 책임투자를 광의와 협의로 나누어 설명한다. 광의의 책임투자는 지속가능 책임투자(SRI, Sustainable and Responsible Investment)에 UN의 지속가능발전목표(SDGs) 달성의 방법론을 접목하여 지속가능발전목표 투자(SDGs Investment, 이하 SDG 투자)로 정의한다. 즉, 지속가능 책임투자(SRI)는 투자의사를 결정할 때 ESG 요소를 통합하는 장기 지향적인 투자 접근 방식으로서 ESG 평가와 결합하여 투자자의 장기적인 수익의 기회를 더욱 잘 포착하고 기업에 영향을 주어 '사회(society)'에 혜택을 주는 것으로 정의한다.

협의의 책임투자란 포트폴리오 선택과 관리에 환경·사회·지배구조, 즉 ESG 요소와 같은 비재무적 요소를 재무적 요소와 함께 종합적으로 고려하는 투자 접근 방식이다. 협의의 책임투자는 ESG 요인에 대한 폭넓은 고려부터 네거티브 스크리닝 같은 ESG '위험' 관리에 집중하는 편이고, 지속가능투자는 ESG 요소를 통한 '기회' 포착과 수익 창출로 영역이 확장된다.

ESG 투자는 책임투자와 지속가능투자 모두 해당한다. 역사적으로 보면 1960~70년대 사회적 행동주의에 뿌리를 둔 책임투자가 먼저 자리를 잡았다. ESG 투자는 1990년대 지속가능 발전과 기후위기에 대한 지구적 관심 증가를 거쳐, 2000년대 들어 E, S, G란 평가의 프레임워크를 갖춘 투자의 형태로 자리 잡았다.

ESG 투자와 책임투자는 투자 결정에 윤리적 지속가능성 요소를 고려하고, 장기적 가치 창출을 지향한다는 공통점이 있다. 하지만 두 투자 방식은 방법론과 윤리적 고려의 깊이에서 차이가 있다. 책임투자는 재무성과보다 사회적, 환경적 영향을 우선시하는 윤리적 투자에 광범위하고 총체적인 접근 방식을 추구한다. ESG 투자는 재무성과와 ESG 성과의 균형에 조금 더 방점을 둔다. 그러다 보니 책임투자는 정성적, 윤리적 기준을 중시하는 걸로, ESG 투자는 지표와 계량 평가를 중시하는 걸로 인식된다. 예를 들어, 원론적으로 책임투자는 윤리적 가치에 부합하지 않는 산업을 엄격하게 배제하는 경우가 많지만, ESG 투자는 약점을 개선하는 기업은 투자할 수도 있다는 유연성을 보인다. 책임투자는 투자자 본인이 본인의 가치를 포트폴리오에 투영할 수 있다는 장점이 있지만 투자 기회가 제한되고 수익률이 낮아질 수 있다는 단점을 숨길 수 없었다. 반면 ESG 투자는 윤리적 투자를 재무적 투자에 통합할 수 있는 프레임워크를 제공한다는 장점으로 시장에 자리 잡을 수 있었다.

한국에서는 'ESG 투자'와 '책임투자'를 섞어 쓰는 경향이 있다. 보통 펀드 앞에 'ESG, 책임투자, 사회책임투자, 지속가능'이라는 단어가 붙으면 유사한 성격의 펀드라고 짐작한다.•

- 한국도 유럽처럼 ESG 펀드라는 이름을 붙일 수 있는지 여부에 대해 감독기관의 기준이 있지만, 실제 적용은 엄격하지 않은 편이다.

표 5-2 ESG 투자와 책임투자의 차이점

요인	ESG 투자	책임투자
핵심 접근 방식	계량적, 데이터 위주(data-driven) ESG 지표를 사용하여 회사의 위험과 기회를 평가	정성적, 가치 우위(value-driven) 도덕적, 윤리적 심사를 통해 투자 대상을 결정
목표/ 초점	재무 지표와 ESG 요소의 균형	사회와 환경의 영향(impact)을 우선 윤리적 가치> 재무적 성과
스크리닝	특정 업종을 반드시 배제하지 않음. ESG 점수를 개선하는 기업에 투자 가능	윤리적 가치에 부합하지 않는 산업(예: 화석연료, 무기, 주류)은 엄격히 제외
투자자/상품	주로 기관투자자 / 공모펀드	종교적 또는 가치 기반 일임, 사모펀드

이 둘을 혼용해서 쓰는 이유는 2000년대 사회책임투자 도입 초기부터 개념을 철저히 구분하지 않아서다. 자산 소유자들과 자산운용사들이 책임투자 원칙(PRI)에 가입을 늘렸던 점도 책임투자가 많이 쓰이게 된 배경이다.

하지만 글로벌 운용사의 책임투자에 대한 언급을 살펴보면 ESG 투자와 책임투자의 차이점이 줄어들고 있음을 확인할 수 있다. 글로벌 자산운용사들이 책임투자를 대하는 시각이 진화하고 있다는 의미다. 번스타인은 책임투자에 대해 "스크리닝(Screening) 중심의 전략에서 중요한 ESG 요소를 통합하는 전략으로 발전했다"라고 설명한다. 또한 책임투자는 점점 더 데이터 기반으로 이루어지며 재무적으로 중요한 요소에 더욱 초점을 맞춰가는 중이라고 강조한다. 도이치뱅크 자산운용(DWS)은 "단순한 위험관리 차원을 넘어, 지속가능한 개발과 저탄소 경제로의 전환 과정에서 적극적으로 기회를 모색하고 있다"라고 말한다. 또한 투자자들의 투명성 요구가 높아지고 있으며, 투자 성과의 측정 가능성에 관한 관심이 더욱 증가하고 있는 점을 주목해야 한다고 언급한다. 노르디아(Nordea)는 "기후변화, 생물다양성 감소, 사회적 불평등과 같은 글로벌 이슈 해결에 점점 더 집중하고 있다"라고 밝혔다. 또 적극적인 주주 관여와 책임 있는 오너십의 중요성이 커지고 있다고 강조했다.

ESG 투자, 지속가능한 밸류업으로 진화해야

정리하면 오늘날 ESG 투자는 투자 방식 양 끝단의 한쪽인 이해관계자자본주의와 책임투자, 다른 한쪽의 가치투자와 주주자본주의 사이에 있다. ESG 투자는 책임투자에 가깝지만 같지 않다. 수익률을 중시하는 태도, 네거티브 스크리닝 적용 등에서 차이를 보인다. 한편 ESG 투자는 주주자본주의가 지향하는 주주이익 극대화를 부정하지 않는다. 분명히 장기적 관점이라는 사실, 주주이익 극대화를 위해서 과거에 고려할 요인이 아니던 ESG의 E와 S를 고려한다는 점에서 차이가 있을 뿐이다.

ESG 투자는 기부나 자선이 아닌 말 그대로 투자다. 이제 ESG 투자는 ESG가 회사의 위기와 기회 요인이 돼 기업 가치에 어떻게 반영되는지 꼼꼼히 살펴 투자 결정을 내리고자 한

그림 5-1 ESG 투자의 개념

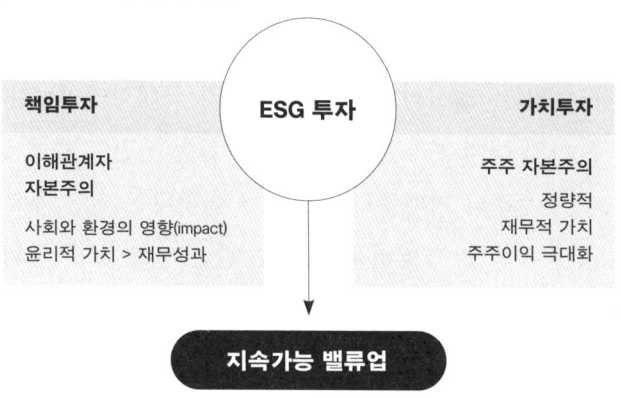

다. ESG 시각에서 기업에 위기와 기회 요인은 재무적으로도 중요한 요인이어야 한다. 이를 재무적 중요성(financial materiality)이란 용어로 지속가능성 정보공개에서 정의한다. 재무제표 항목과 요구수익률에 직접적인 영향을 미치는 재무적 선택의 틀(financial metric) 안에 있는 요인들이기에 ESG 투자는 가치투자와 연결된다.

한국 증시의 밸류업은 지속가능한 밸류업이어야 한다. ESG 투자가 끌고갈 동력이다. 지속가능성을 배제한 주주이익 극대화만으로 코리아 프리미엄 시대를 열기 어렵다. 일단은 상법개정으로 G의 대변혁을 시작할 수 있게 되었다. 멈출 수 없다. E와 S까지 시야에 두고 지속가능성을 추구하는 것이 지금 시대의 글로벌 흐름이자 기업경쟁력 강화의 길이다.

상법 개정이 여는 '거버넌스 밸류업'의 시대

주주자본주의는 '회사의 목표 = 주주이익 극대화'라는 관점이다. 한국에서는 회사의 목표가 주주이익 극대화라기보다 '지배주주 이익 극대화'라는 생각이 들게 하는 사건이 종종 발생한다. 일반주주와 지배주주의 이해가 어긋나는 일은 주로 물적분할, 중복상장, 합병비율, 자사주 관련, 임원 보수 등의 의사결정에서 발생한다. 국내 주식 투자자가 장기투자의 불안 요인으로 기업 지배구조를 지적하는 이유다. 일반 투자자에 손해를 입히는 이사회 결정이 나와도 막을 방법이 없었다. 지배주주 우호 지분 비율이 40%가 넘고, 집중투표제, 주주제안 같은 일반주주 권익 보호 차원의 보완 제도는 약했다. 표결로 가면 결과는 늘 지배주주의 승리였다. 하지만 2025년 6월을 기해 환경이 달라질 수 있는 조건이 마련됐다. 기존에는 이사회 의사결정으로 인해 주주가 손해를 입었을 때 이사회에 법적 책임을 묻기 어려웠는데, 이사의 충실의무를 회사에서 주주로 확대하는 것을 골자로 상법이 개정됐다. 한국 기업 거버넌스의 역사에 큰 획이 그어졌다.

한국에서 상법 개정이 논란이 된다는 건 한국에서 주주자본주의가 자리 잡지 못했다는 방증이다. 유럽이나 미국의 예를 보면 극단적 주주자본주의에 대한 반성이 BRT(비즈니스 라운드테이블)와 같은 이해관계자 수용의 논의로 발전했다. 이에 비해 한국은 이해관계자 수용 논의의 시작은커녕 주주자본주의의 건전한 특장점조차 기업 경영에 온전히 뿌리내리지 못했다. 이것이 바로 '코리아 디스카운트'의 본질이었다.

투자자의 불신 해소를 경영진의 선의에 맡길 수 없는 지경에서 지속가능한 밸류업을 위해 상법 개정이 필요했다. 이제 밸류업의 기초는 마련했다. 서둘러 주주자본주의에서 미비한 점을 보완하고, 이해관계자자본주의의 좋은 요소를 한국적 상황에 맞게 반영해야 한다.

지배구조와 거버넌스는 미묘하게 다르다. 지배구조는 '다스린다'라는 뜻이기에 이름부터가 기울어진 운동장을 벗어나기 어려웠다. 기업 거버넌스는 관행, 관계, 구조에 관한 용어다. 기업의 의사결정 관행, 대주주, 일반주주, 경영자의 관계, 이사회·감사위, ESG 위원회, 임원 보수위원회 등 의사결정의 전문성, 독립성을 지원할 구조를 포괄하는 의미다. 기업이라는 경제활동 단위를 둘러싼 여러 이해관계자 간의 관계를 조정하는 메커니즘이다. 한국 기업의 건강한 거버넌스 구축은 자본시장의 수준을 끌어올려 코리아 프리미엄의 시대를 맞이하기 위해 꼭 필요한 일이다.

6장 국민연금, 시장의 우군: 쿼텀업의 지속가능한 동력

'아시아 8등'의 벽, 한국 기업지배구조의 현실

한국 증시에 대한 박한 평가는 기업 거버넌스의 후진성 때문이다. 주주들이 속된 말로 '당하는' 일이 많았기에, 한국 증시는 제대로 된 평가를 받기 힘들었다. 바로 코리아 디스카운트다.

아시아 기업 거버넌스 협회(ACGA)는 글로벌증권사 CLSA와 격년으로 아시아 국가들의 기업 거버넌스(Corporate Governance, CG)를 평가해 발표한다. 2023년 말에 발간한 'CG Watch 2023'을 보면 호주가 1위를 지켰고, 일본이 2위, 싱가포르와 대만이 공동 3위였다. 눈에 띄는 건 일본의 약진과 홍콩의 추락이다. 우연처럼 두 국가의 기업 거버넌스 지수와 주가지수(약진한 니케이, 부진한 항셍지수)의 궤적이 같았다. 주식회사 일본의 거버넌스가 공동 5위에서 2위로 도약한 힘은 정부(도쿄거래소, TSE) 밸류업 프로그램, 공적연금(GPIF) 노력의

표 6-1 CG Watch 2023년 시장 순위 및 점수

순위	시장	전 순위	2023	2020	2020 대비 변화(포인트)
1	호주	1	75.2	74.7	+0.5
2	일본	5	64.6	59.3	+5.3
3	싱가포르	2	62.9	63.2	-0.3
3	대만	4	62.8	62.2	+0.6
5	말레이시아	5	61.5	59.5	+2.0
6	홍콩	2	59.3	63.5	-4.2
6	인도	7	59.4	58.2	+1.2
8	한국	9	57.1	52.9	+4.2
9	태국	8	53.9	56.6	-2.7
10	중국	10	43.7	43.0	+0.7
11	필리핀	11	37.6	39.0	-1.4

자료: ACGA, CLSA

결실에서 찾을 수 있다. 홍콩은 서방의 영향이 줄고 중국의 영향이 커진 결과다. 문제는 한국이다. 말레이시아, 홍콩, 인도에 이어 8위였다. 직전 평가 대비 점수는 일본 다음으로 올랐지만, 순위는 9위에서 8위로 별로 달라지지 않았다. '낮다'와 '개선이 빠르다', 상반된 평가 둘 다 가능하다.

일반주주의 목소리가 지배주주의 의사결정에 더 큰 영향을 미칠 수 있었다면 한국이 이런 성적표를 받았을까. 한국 증시에서 일반주주의 구심점 역할을 할 핵심 주주는 국민연금이다. 물론 거버넌스 규제 환경의 변화가 감지되면 적극적 주

주 관여를 펼치는 행동주의펀드가 먼저 활발해진다. 일본에서 그랬고, 한국에서도 그럴 조짐이다. 전 국민의 노후 자금이자 코스피 5,000포인트의 동력인 한국 국민연금의 역할을 글로벌 연기금과 비교해 볼 때다.

캘퍼스의 주주행동, 기업을 바꾼 실험실

캘퍼스 효과(CalPERS Effect)란 미국 최대 공적 연기금 중 하나인 캘리포니아 공무원연금(CalPERS)이 적극적 주주 관여를 통해 목표한 기업의 주가와 기업 지배구조에 미치는 영향을 말한다. 캘퍼스는 오래전부터 거버넌스에서 비롯된 문제로 주가가 저조한 기업들에 대해 주주 관여를 실행해왔다. 포트폴리오 수익률 개선이 목표로, 포커스 리스트에 등재해 주주 관여 활동을 하며 그 결과를 외부에 공개하는 방식이 대표적이었다.

캘퍼스 효과를 세상에 널리 알린 첫 보고서는 1990년대 초에 나왔고, 이후 몇 차례 업데이트됐다. 마지막 업데이트는 2015년이다. 보고서는 1999년부터 2013년까지 캘퍼스가 주주 관여 활동을 실행한 188개 기업을 대상으로 했다. 조사 결과, 주주 관여 활동이 시작한 기점(표 6-2의 'Engage')부터 직전 3년 대상 기업들의 누적수익률은 중소형주 지수인 러셀 1000을 38.91% 밑돌았지만, 이후 5년의 누적수익률은 인덱스를 12.27% 초과했다. 주주 관여 시행 1년 후 벤치마크 대비 수익률(초과 수익률)은 1.61%였다. 이 수치는 2년 후에 11.2%로

표 6-2 기업 지배구조 관여 활동 대상 기업들의 러셀 1,000지수 대비 누적 초과 수익률

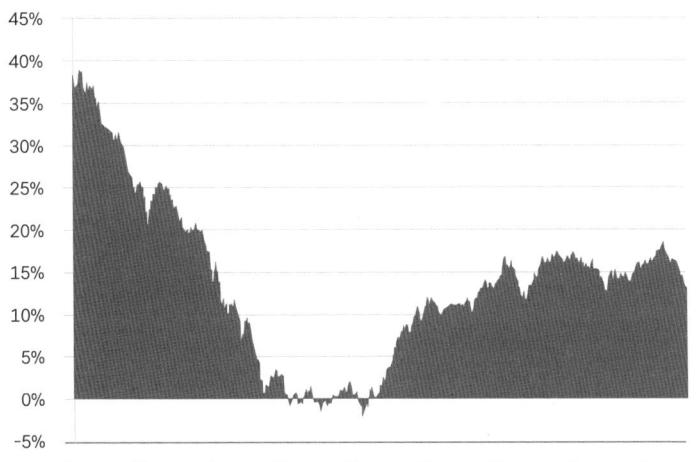

주: 통계적 그래프로 -1, -2, -3년의 수익률이 (+)로 표시되나, 실제 (-) 이다.
자료: Wilshire.

크게 상승하고, 3년 후 13.89%, 4년 후 14.98%로 시장 대비 초과 상승을 계속 이어갔다. 캘퍼스는 기업 거버넌스 변화에 적극적인 연기금이다. 캘퍼스는 지속적인 주주 관여가 주주들의 수익을 개선할 수 있음을 수익률로 입증했다. 캘퍼스는 기업 거버넌스에서 기후변화 및 사회 이슈로 활동을 넓혀가고 있다. G에서 ESG로 활동 폭이 확대되었다.

국민연금의 각성, 캘퍼스 효과를 본받다

국민연금이 보유한 국내 주식은 2024년 말 153조 원이었다. 국민연금의 한국 증시 보유 비율은 6% 내외로 추정된다. 낮

아 보이지만 시장 영향력은 비율 그 이상이다. 사실상 움직이지 않는 지배주주 지분 약 40%를 빼면, 주가에 영향을 미칠 수 있는 가장 큰 비중이다. 국내 주식시장의 신규 자금 유입의 큰손 역할도 국민연금 외에 없다. 국민연금의 힘은 6%라는 숫자보다 막강하다.

한국 증시의 밸류업을 위해선 기업 거버넌스 개선이 꼭 필요하지만, 법이 마련된다고 끝이 아니고 투자가 있어야 한다. 이를 주도할 투자자는 캘퍼스와 같은 연기금이 적합하다. 유니버설 투자자란 개념이 있다. 전체 시장의 다양한 자산에 투자해 사실상 경제 전반의 일부를 소유한 대형 기관투자자를 말한다. 유니버설 투자자는 광범위한 자산에 분산투자를 하기 때문에, 그 성과가 곧 경제 전체의 흐름을 반영한다. 이러한 특성 때문에 이들은 단기 수익에만 집중하지 않고, 시스템적 위험이나 장기적 지속가능성, 시장의 공정성과 안정성, 공공재의 가치와 같은 긍정적 외부효과까지 함께 고려한다. 한국의 유니버설 투자자는 단연 국민연금이다.

스튜어드십 코드, 선언을 넘어 실행으로

국민연금이 핵심 주주로서 '100점짜리 캘퍼스 효과'를 내기까지는 아직 시간이 더 필요할 것이다. 그러나 그간의 행보는 여러 면에서 긍정적인 변화를 보여준다. 특히 주목할 만한 것은 '스튜어드십 코드'의 도입이다. 스튜어드십 코드는 기관투자자가 단순한 자금 운용자를 넘어, 투자기업의 건전한 지배구조와 지속가능한 가치 창출을 위해 책임 있게 행동하도록 이끄는 원칙과 지침이다. 구체적으로는 기업에 대한 적극적 관여와 모니터링, 의결권 행사, 그리고 스튜어드십 정책의 투명한 공개 등을 포함한다.

스튜어드십 코드는 2008년 글로벌 금융위기가 금융회사의 지배구조와 감독체계의 실패에서 비롯되었다는 반성에서 태어났다. 2010년 영국 재무보고위원회(Financial Reporting Council, FRC)가 처음으로 이를 마련했으며, 상법이 아닌 자율적 원칙에 근거한 것이었다. 이후 스튜어드십 코드는 영국을 넘어 유럽 각국과 아시아로 퍼져 나갔다. 2014년 일본은 기업지배구조 개혁의 하나로 스튜어드십 코드를 도입했다. 기관투자자가 중장기 투자 수익률 개선에 책임을 다하도록 장려하는 차원이기도 했다. 일본의 도입이 한국에 영향을 미쳤다. 국민연금은 2018년 7월, 스튜어드십 코드인 「국민연금 수탁자책임 원칙」을 도입했다. 국민연금의 스튜어드십 코드 도입은 기관투자자가 단순히 주식을 사고파는 수동적인 주주 모델이 아니라 적극적인 참여를 통해 기업 행동, 지속가능성, 장기적 성과 개선에 책임을 지는 모델로 전환을 의미한다. '연금사회주의'라는 일각의 비판 속에서도 한국의 국민연금은 차근차근 수탁자책임 활동의 뿌리를 내려왔다. '주주 활동 기본 방향은 주주가치 및 기금의 장기적인 수익성 제고'라는 국민연금의 일관된 설명에 동의한다.

국민연금이 도입한 스튜어드십 코드는 '호시우보(虎視牛

步, 소처럼 뚜벅뚜벅 호랑이처럼 주시하면서)' 스타일이라 할 수 있다. 한국 기업의 주주 구성 특징 등 국민연금의 적극적 주주 행보가 쉽지 않아서다. 2023년 말 기준 한국 주식의 '내부 주주'는 40% 수준이다. 최대 주주 29.2%, 특수관계인 10.5%를 포함한다. 개인 투자자, 기관투자자 등의 소액주주가 48.4%, 외국인 5.9%, 기타 2.6%로 '외부 주주'가 57%이다. 내부주주의 편이 되곤 하는 자사주 비중은 3%다(자본시장연구원, 2024). 외부 주주를 최대 주주의 반대개념으로 소수 주주(minority shares), 혹은 일반주주라고 볼 수 있다. 한국의 소수 주주 지분은 50% 후반인데(자본시장연구원 통계), 일반적으로 기관투자자들이 투자하는 주식 기준으로는 40~50%로 본다. 미국 S&P500 소속 기업들이 70~80%, 일본 상장기업들이 60~70%로 추정되므로 한국 상장기업의 소수 주주 지분율은 미국, 일본 대비 낮다. 반면, 홍콩 30%대, 싱가포르와 대만 40% 내외이므로 아시아의 다른 국가에 비하면 높은 편이다.

　국민연금은 한국 소수 주주 중에선 최대 주주다. 국민연금이 보유한 코스피 상장기업만 771개이고 지분 평균은 3.47%, 코스닥기업은 417개이며 평균 지분은 2.14%다. 국민연금이 보유한 지분이 많아 보일 수 있지만, 막상 최대 주주 의결권에 미칠 수 있는 영향력은 제한적이다. 최대 주주와 특수관계인의 지분이 40%에 달하기 때문에 이들과 표 대결을 해야 할 때, 국민연금만으로는 이기기 어려워서다. "국민연금이 보유한 국내 상장 주식의 지배주주 평균 지분율은 43.6%에 달하고, 주주총회 참석률 60% 기준 지배주주 지분율이 30%(특별결의는 40%)만 넘기면 지배주주만 찬성하면 안건을 가결할 수 있다. 국민연금이 반대해도 주총에서 부결된 의안 건수가 적은 이유다."

2025년 3월 10일 언론 간담회에서 국민연금 수탁자책임자의 위와 같은 발언은 변명이 아닌 국민연금이 처한 실정 그대로다. 국민연금이 캐스팅보트를 쥔 의결권 행사가 아닌 이상, 주총에서 지배주주와 표 대결에서 승리하기 어려운 구조는 분명하다. 그렇다고 국민연금이 의결권 행사를 소홀히 할 생각은 없어 보인다. 국민연금의 행보에서 주목할 대목은 책임투자 강화다. 책임투자란 포트폴리오 선택과 관리에 환경·사회·지배구조, 즉 ESG 요소와 같은 비재무적 요소를 재무적 요소와 함께 종합적으로 고려하는 투자 방식이다.

국민연금은 지난 2019년, 〈책임투자 활성화 방안〉과 9개 항목으로 구성된 〈국민연금 책임투자 원칙〉을 발표했다. 같은 해에 의결권 행사와 관련해 「국내 주식 수탁자책임 활동 가이드라인」과 「국내 주식 적극적 주주 활동 가이드라인」을 잇달아 내놓았다. 대표적인 방안은 중점 관리 사안 도입인데 캘퍼스의 포커스 리스트와 유사하다. 대상은 지분율 5% 또는 보유 비중 1% 이상인 국내 상장회사다.

기업 선정 기준은 「국민연금기금 수탁자책임 활동에 관한 지침」에 따른다. 기업의 배당정책 수립, 임원 보수 한도 적정성, 법령상의 위반 우려로 기업 가치의 훼손이나 주주

권익을 침해할 수 있는 사안, 지속적으로 반대 의결권을 행사하였으나 개선이 없는 사안, 기후변화 관련 위험관리가 필요한 사안(E), 산업안전 관련 위험관리가 필요한 사안(S)을 중점 관리 사안으로 지정했다('ES' 항목은 2023년에 추가됐다).

국민연금 수탁자책임전문위원회는 선정된 기업을 '비공개 대화 대상기업→비공개 중점 관리기업→공개 중점 관리기업'으로 단계별로 관리한다. 개선되면 졸업하고, 안 되면 단계를 올려 더 깐깐한 관리를 받게 되는 식이다. 비공개 대화 대상기업은 1년 내 조치계획과 개선 대책을 수립해야 한다. 이 방안이 미흡하다는 평가를 받으면, 비공개 중점 관리기업이 된다. 이외에도 환경(E)·사회(S)·지배구조(G) 등과 관련하여 기업 가치 훼손이나 주주 권익을 침해할 수 있는 우려 사안이 발생한 때도 중대성 평가를 통해 비공개 대화 대상기업으로 선정하거나 주주 제안 활동을 추진한다. ESG평가사에서 이야기하는 컨트로버시 대응이다.

국민연금은 기업명을 밝히지 않지만, 중점 관리 사안과 컨트로버시 주주 관여 활동을 공개한다. 최근 공개한 자료에 따르면 2024년 1년 동안 40개 기업에 서한 발신, 208개 기업과 비공개 면담을 수행했다. 적극적 면담 방식이 더 늘어난 게 특징이다. 2023년 지침 개정을 통해 새롭게 중점 관리 사안에 편입된 기후변화와 산업안전도 2024년 통계에 처음 올랐다. 서한 발신이 각 사안별로 3개, 4개였고, 비공개 면담이 각

표 6-3 중점관리사안 및 예상하지 못한 우려 사안 관련 기업과 대화 수행 내역

(단위: 개사)

구분	주제	기업 수			서한 발신			비공개 면담		
		22년	23년	24년	22년	23년	24년	22년	23년	24년
중점관리사안	배당정책 수립	38	33	7	47	38	4	25	13	11
	임원 보수 한도	13	15	33	13	14	6	23	25	54
	법령상 위반 우려	17	9	6	15	9	1	25	13	9
	지속 반대 의결권	11	13	9	12	14	3	23	17	13
	기후변화 관련 위험관리	-	신설	29	-	신설	3	-	신설	29
	산업안전 관련 위험관리	-	신설	10	-	신설	4	-	신설	14
예상하지 못한 우려 사안		39	54	13	50	61	19	11	12	6
기타		21	48	40	0	1	0	28	80	72
합계		139	172	147	137	137	40	135	160	208

주: 기타는 사실관계 확인 및 주총 의안 설명 등
자료: 국민연금 관리공단

29개, 14개로 적지 않았다.

이 밖에도 국민연금은 시민단체의 탈석탄 요구로 촉발된 투자 제한 전략(네거티브 스크리닝)의 단계적 시행 방안과 관련해 해외자산부터 에너지전환 투자전략을 도입하고, 투자 대상 기업의 장기적인 주주가치 증대에 이바지할 목적으로 대표소송 제기 기준도 개정할 예정이다.

국민연금은 영국의 개정된 스튜어드십 코드에서 권고하고, 일본의 연기금 GPIF가 하듯이 〈수탁자 책임 활동 연간 보고서〉를 발간한다. 하지만 현재로서는 캘퍼스 효과처럼 성과를 입증하기는 어렵다. 캘퍼스와 비슷한 주주 관여 활동을 하지만 구체적인 주주 관여의 성과, 특히 수익률 측면에서 구체적인 성과를 알 방도가 막막하다. 비공개를 원칙으로 하고 있어서 나중에라도 어떤 기업들이 이 리스트에 편출입 되었는지, 어떤 관여 방식이 활용되었는지 외부에서 알 수 있는 정보는 제한적이다.

국민연금의 운용 정보 공개 확대와 주주 행동주의 강화를 요구하는 목소리는 꾸준히 이어지고 있다. 이에 대해 국민연금은 대체로 그 필요성에는 공감하면서도, 실행을 위한 '적절한 시점'을 찾겠다는 입장을 보여왔다. 2024년 한 토론회에서 국민연금 관계자는 "국민연금은 2019년 활성화 방안 발표 이후 수탁자 책임투자의 준비 기간을 거쳐 이제 본격적인 이행기에 진입했다"고 밝혔다. 이사의 충실의무가 주주로 확대된 법 개정이 이루어진 지금, 국민연금이 나서서 한국 거버넌스 개혁을 끌고 가야 할 '시점'에 도달한 듯하다.

　2024년 일본 공적연금(GPIF)은 앞으로 '스튜어드십 활동 및 ESG 투자의 효과 측정을 공개하겠다'고 약속했다. 캘퍼스처럼 정량적인 효과를 보여주겠다는 것이다. 스튜어드십 코드 가입 시기가 GPIF보다 4년 늦었다는 점을 고려할 때, 3~4년 정도 후면 우리 국민연금도 정량적 성과 분석 평가가 가능할 것이다. 멀지 않은 시점에 한국 증시에서 국민연금 버전의 캘퍼스 효과를 말해볼 수 있기를 기대한다.

ESG 투자, 글로벌 3위 연금의 그림자

국민연금의 운용자산은 2024년 말 기준 1,003조 원에 이른다. 이 가운데 책임투자 자산은 709조 원으로, 전체의 약 71%를 차지한다. 특히 국내외 주식은 모두 책임투자로 분류되어 있다. 국민연금은 주식의 경우 직접 운용 자금 전부와, 스튜어드십 코드에 가입한 운용사에 위탁한 자금 모두를 책임투자로 간주하고 있다. 그러나 코드 '가입' 여부보다 실제 '이행'이 책임투자 인정의 기준이 되어야 한다는 비판이 이어지고 있다. 이러한 비판을 의식한 듯, 국민연금은 주주 관여 활동을 강화하는 한편 위탁운용사들에도 스튜어드십 코드의 충실한 이행을 독려하고 있다.

　다만 아쉬운 점은 국내 주식 중 책임투자 유형으로 분류된 위탁운용 펀드 규모가 7조 원 남짓에 불과하다는 것이다.

이는 국내 주식 위탁운용 자산의 약 9.5% 수준에 머문다.• 장기투자자이자 유니버설 투자자인 연기금이 책임투자를 독립된 운용 체계로 발전시키는 것은 바람직하다. 그러나 그 규모가 오랫동안 정체되어 있다는 점은 아쉽다.

국민연금은 주식이나 채권뿐 아니라 대체투자 자산의 운용에도 책임투자 원칙을 적용하겠다고 약속했다. 대체투자 대상은 부동산, 인프라, 사모펀드, 벤처투자 등으로 다양하다. 그러나 고려아연 경영권 분쟁 사태로 주목받은 사모펀드 MBK가 홈플러스에서 보여준 과도한 이윤 추구와 이해관계자 경시 행태가 논란이 되면서, 국민연금이 이런 사모펀드에 투자한 점이 비판을 받았다. 이에 국민연금은 대체투자 영역에서도 ESG 원칙을 다시 강조하며, 책임투자 관행을 강화하겠다는 의지를 밝혔다. 대체투자 분야의 책임투자 실천도 중요하지만, 국내 주식 시장에서의 책임투자 확대 역시 여전히 과제로 남아 있다. 장기투자자이자 유니버설 투자자인 국민연금이 국내 주식의 ESG 투자를 더욱 적극적으로 확대하길 기대한다. 국가의 밸류업으로 가는 중요한 길이 될 것이기 때

- 국민연금이 위탁하는 운용하는 펀드 중에서 국내주식 책임투자형은 2018년 4.6조 원에서 2020년 8조 원으로 빠르게 증가했다. 하지만 이후 감소하여 2024년 말 6.7조 원이다. 국민연금 책임투자형의 운용자산 변화 궤적은 한국에서 ESG 투자 붐이 일었다가 약해진 흐름과 유사하다. 전체 위탁운용 내에서 책임투자 유형의 비중은 2020년부터 9.5% 수준으로 유지되고 있다.

표 6-4 국민연금 2024년 말 자산별 운용 규모

(단위: 조원)

	국내주식	해외주식	국내채권	해외채권	대체	전체
책임투자	140	431	91	48	0	709
전체	140	431	344	88	207	1,003
비율(%)	100	100	26	55	0	71

자료: 국민연금

문이다.

전 세계 연금펀드 규모 순위는 일본의 GPIF(Government Pension Investment Fund)가 1.7조 달러(2023년 3월 기준)로 1위이다. 3위인 한국 국민연금보다 2배 이상 크다. 앞서 캘퍼스 효과를 이야기한 캘리포니아 공무원연금은 5~6위 권이다. 참고로 나라의 재산을 운용하는 국부펀드(Sovereign fund)는 연금펀드와 조금 다른 성격이고 중국투자공사가 1위다. 연금펀드 2위에 등재된 노르웨이 연금펀드는 종종 국부펀드로 분류되기도 한다.

한·일 연기금 경쟁, 일본 GPIF가 앞서가는 이유

한국 국민연금은 규모와 성격, 인근 국가라는 차원에서 세계 1위 연금펀드인 일본 GPIF와 자주 비교된다. 사실 한국의 기업지배구조와 관련된 금융정책은 일본을 많이 참고하는 편이다. 예를 들어, GPIF가 2014년 스튜어드십 코드를 먼저 도입했고 국민연금은 2018년에 도입했다.

표 6-5 글로벌 연금펀드 순위

순위	연금펀드	국가	순자산(AUM)
1	Government Pension Investment Fund	일본	1.7조 달러
2	Government Pension Fund Global	노르웨이	1.4조 달러
3	National Pension Service	한국	8,000억 달러
4	Federal Retirement Thrift Investment Board	미국	7,600억 달러
5	ABP	네덜란드	5,500억 달러
6	California Public Employees' Retirement System (CalPERS)	미국	4,500억 달러
7	Canada Pension Plan Investment Board	캐나다	4,300억 달러
8	National Social Security Fund	중국	4,000억 달러
9	Central Provident Fund	싱가포르	3,500억 달러
10	California State Teachers' Retirement System (CalSTRS)	미국	3,100억 달러

자료: Claude

2015년부터 도쿄증권거래소(Tokyo Stock Exchange, TSE)에 의해 기업지배구조 공시가 의무화되었으며, 기업지배구조 모범규준은 2021년 개정을 거쳐 더 높은 수준의 요구 사항이 추가되었다. 한국도 기업지배구조 보고서를 2019년 거래소 주도로 의무화했고 2023년 12월에 기업지배구조보고서 가이드라인을 개정했다. 배당절차 개선, G20·OECD 지배구조 원칙(2023년 개정) 및 한국 ESG기준원 지배구조 모범규준

(2022년 개정 시행) 등 국내·외 지배구조 원칙의 개정 동향을 참조했다.

일본은 2023년 '자본비용과 주가를 의식한 경영'을 마련해, 기업의 실천 방침과 구체적인 이행 목표를 매년 공개하도록 요구했다. 사실상 일본의 밸류업 프로그램인데, 2014년 발표된 이토 보고서*에서부터 시작된 것으로 평가한다. 한국은 이듬해인 2024년 일본과 유사한 내용으로 기업가치 제고 계획, 밸류업 프로그램을 시작했다.

- 2014년 발간된 일본의 '이토 리포트(伊藤レポート)'는 일본 경제산업성이 주도한 '지속 성장을 위한 경쟁력과 인센티브 – 기업과 투자자의 바람직한 관계 구축 프로젝트'의 최종 보고서이다. 일본 기업의 자본 효율성 개선과 기업 가치 향상을 목표로 작성되었다. 주요 내용은 ROE 8%, 건전한 기업 지배구조, 자본정책 개선, 중장기적 가치창조(지속가능한 성장전략, ESG 요소 고려) 등이다.

> 여기서 잠깐

일본 GPIF, 주주 관여의 모범을 세우다

2023년 일본 금융청(FSA)은 '자본비용과 주가를 의식한 경영'에 초점을 맞춘 가이드라인을 도입했다. 가이드라인은 GPIF가 구축한 토대 위에 세워졌다. 일본 밸류업 프로그램은 기업 거버넌스 개선 노력을 통해 기업가치 향상을 도모한다. 밸류업 프로그램의 직접적인 실행은 금융청과 기타 규제 기관이 주도하고 있지만, 주요 기관투자자로서 GPIF의 지속적인 영향력은 투자 관행과 참여 정책을 통해 밸류업 이니셔티브에 대한 지속적인 지원을 제공하는 데 큰 도움이 됐다.

GPIF는 일본 전체 주식 시가총액의 약 7~8%를 보유하고 있는 것으로 추정된다. GPIF는 일반적으로 개별 기업에 대한 액티브 투자보다 지수에 투자하는 패시브 방식이 90% 정도다. 액티브와 패시브는 펀드 분류이자 운용방식 용어로, 액티브는 BM 대비 초과수익을 내고자 적극적으로 운용하고, 패시브는 BM을 복제한다. 보통 패시브는 스튜어드십 이행에 소극적이라고 생각하기 쉽다. GPIF는 패시브가 압도적인데도 일본 기업 지배구조 문제에 있어 상당한 영향력을 행사하고 있다. GPIF는 매년 3월 50페이지에 이르는 영문 스튜어드십 코드 이행 보고서를 발간한다. 보고서 안에서 GPIF는 이렇게 적고 있다. "패시브 투자의 경우, 투자 대상 기업이 장기적으로 기업 가치를 높이고, 특히 시장 전체의 지속가능한 성장을 촉진하기 위해서는 참여 활동을 위한 노력

> 이 중요하다고 생각합니다. 이에 GPIF는 스튜어드십 활동을 통해 시장 전반의 지속가능한 성장을 도모하고, 스튜어드십 활동의 접근 방식을 다양화 및 고도화하기 위해 2018년부터 인게이지먼트 강화 패시브 투자를 선택했습니다." GPIF는 각기 다른 방식으로 주주 관여를 강화한 패시브 펀드를 운용하는 위탁운용사 네 곳을 지정하고 있다.
>
> 같은 보고서에서 GPIF는 FY(회계연도) 2023 하이라이트 활동에 '스튜어드십 활동 및 ESG 투자의 효과 측정'을 실었다. 주주 관여, ESG 요인(등급), 의결권 행사의 변화 등과 기업가치, 투자수익률 간의 인과관계를 정량적으로 분석하고 그 결과가 나오는 대로 공개하겠다고 약속했다. 2014년 스튜어드십 코드 도입부터 기업 거버넌스와 금융투자 개혁 의제에서 일본이 앞서가고 있다. 국민연금의 분발을 기대한다.

아시아의 주주행동주의, 한국도 변하고 있다

주주행동주의는 기업의 운영 또는 정책에 대해 변화를 요구하고자 의결권 행사와 같은 공식적인 수단은 물론 비공식적인 수단까지 행사하는 투자자의 행위를 말한다(자본시장연구원, 2023). 투자 대상 회사의 경영 개선이 목적으로, 딜리전트 마켓 인텔리전스(Diligent Market Intelligence: DMI)가 집계한 전 세계 행동주의자 캠페인 활동 대상 회사는 2024년 기준 1,028개이다. 미국이 절반 이상(58%)이고, 호주를 제외한 아

표 6-6 행동주의자의 공개적 대상이 된 회사의 개수

	2021	2022	2023	2024	3년 평균 증감률	2024년 비중
아시아	134	189	221	202	14.7%	19.6%
일본	66	109	103	97	13.7%	9.4%
한국	27	49	77	66	34.7%	6.4%
홍콩	10	8	8	12	6.3%	1.2%
싱가포르	12	8	11	10	-5.9%	1.0%
중국	9	2	9	6	-12.6%	0.6%
대만	1	1	1	3	44.2%	0.3%
호주	71	64	55	59	-6.0%	5.7%
캐나다	45	55	73	57	8.2%	5.5%
유럽	180	143	128	105	-16.4%	10.2%
기타	22	16	8	13	-16.1%	1.3%
미국	462	510	553	592	8.6%	57.6%
총계	914	977	1,038	1,028	4.0%	100.0%

자료: Diligent Market Intelligence

시아가 20%다. 최근 글로벌 행동주의 캠페인은 증가 추세인데, 아시아 특히 일본과 한국 기업을 대상으로 많이 벌어지고 있다. 양국 모두 2023년에 비해 소폭 감소했음에도 3년 평균 증가율이 일본은 13.7%, 한국은 34.7%로 가장 높은 편이다.

행동주의가 한국과 일본 기업을 목표로 삼는 사례가 급증하는 이유는 장부가치 이하(PBR 1배 이하)로 주식이 거래되거나 해당 기업이 과도한 현금을 보유하는 등 '가치 격차(Value gap)'가 크기 때문이다. 즉, 큰 투자 성과를 만들 수 있는 잠재력이 크다는 의미다. 아울러 한국과 일본이 정부 주도로 증시에 밸류업 프로그램을 벌이고 있기 때문이다. 아시아에서 중화권 국가에 비해 유독 한국과 일본 기업이 많다는 건 행동주의 캠페인 전개와 관련된 제도적 허들의 차이, 의결 관련 실질적 지배주주와 우호 지분 비중(경영권 보호장치 유무), 거버넌스 이슈를 대하는 문화적 특성, 그리고 기업 지배구조 역사와도 연관 지을 수 있다.

'코리아 프리미엄'을 향해, 기관의 목소리를 키워라

2025년 3월, 대한상의는 국내기업 300개를 대상으로 '주주행동주의 확대에 따른 기업 영향 조사' 결과를 발표했다. 주주 관여 경험을 했다고 응답한 회사는 40%인 120개였다. 특이한 건 주주 관여의 주체를 '소액주주나 소액주주연대'라고 답변한 기업 비중이 90.9%에 달했고 '연기금' 29.2%, '사모펀드 및 행동주의펀드' 19.2%, '기타' 2.5% 순이었다. 주주 관여의 구체적 내용은 배당 확대(61.7%), 자사주 매입·소각(47.5%), 임원의 선·해임(19.2%), 집중투표제 도입 등 정관변경(14.2%), 기타(10.8%) 순이었다.

대한상의의 통계는 행동주의보다는 약식 주주 관여 활동에 가깝다. 주요 주체가 펀드가 아닌 소액주주라는 사실도 특징이다. 구체적 요구 내용 중에 가장 큰 비중인 배당 확대와 자사주 매입 소각은 대표적인 약식 주주 관여 주제다.

소액주주의 주주 관여이건, 행동주의 사모펀드의 캠페인이건 한국에서 주주들의 적극적인 움직임이 늘어나고 있다. 많은 한국 기업의 주가가 저평가돼 있고, 지배주주 중심의 의사결정이 저평가의 원인으로 작용한다는 생각을 가진 주주들이 많다는 뜻이다. 한편으로 한국에서 소액주주들의 움직임이 활발한 건 국내 연기금과 기관투자자들의 스튜어드십 코드 이행이 다른 나라보다 상대적으로 부족해서 직접 나섰다는 해석도 가능하다. 코리아 디스카운트 해소를 위해선 장기적 관점의 기관투자자가 필요하다는 지적이 나오는 대목이다.

ESG 실행의 공백, 정부와 시장의 공조가 답이다

"한국의 후진적 거버넌스를 바꾸기 위해 국민연금은 주주 행동주의와 손잡을 수 있을까?" 도발적인 질문이다. 경제개혁연대는 국민연금의 주식 위탁 운용 유형에 '행동주의 스타일'이 필요하다고 주장한다. 해외에서는 실제로 그런 사례가 있었다. 그러나 지금의 한국 현실에서 이를 그대로 적용하기는 쉽지 않다. 대신 국민연금이 주주 관여 활동을 한 발 더 강화하고, 기관투자자들의 스튜어드십 이행 방식을 근본적으로 혁신하는 것은 충분히 시도해볼 만하다.

다만 국민연금의 내부 사정은 단순하지 않다. 예를 들어 '중점관리 사안' 기업을 대상으로 비공개 협의와 공개 촉구를 거쳤음에도 변화가 미미할 경우, 적극적 주주권 행사 차원에서 주주대표소송이나 손해배상소송으로 이어져야 한다. 그러나 아직까지 그런 실행 사례는 없다. 현재 관련 기준이 개정 중인 것으로 알려져 있다.

앞서 언급한 '연금사회주의' 비판처럼, 국민연금의 의결권 행사나 인게이지먼트(engagement) 활동은 기업과 일부 언론의 견제와 반발을 피하기 어렵다. 현실적으로는 스튜어드십 서비스를 수행할 내부 역량이 충분하지 않다는 점, 그리고 운용역 개개인의 책임투자 의지가 편차가 크다는 점도 과제다. 국민연금이 주주로서 제 역할을 다하려면 인적 자원과 조직적 지원을 강화해야 한다. 한국의 다수 펀드매니저가 스튜어드십 이행과 수익률 제고를 동시에 달성하기 어렵다고 보는 인식 자체도 극복해야 한다.

그래도 국민연금 전체로 보면 스튜어드십 이행을 위해 조금씩 개선되고 있다. 속도를 낼 시점에 다행스럽게 이사의 충실의무를 주주로 확대하는 상법이 개정됐다. 기존 법체계에서 소리를 내기 어려웠던 주주 권한이 강화되며, 연기금뿐만 아니라 기관투자자의 주주 활동에도 힘이 실리게 되었다.

변화는 국민연금 홀로 완성할 수 없다. 국내 기관투자자들의 동참이 필요하다. 2025년 2월 금융위는 기관투자자의 스튜어드십 이행 평가를 강화하겠다고 발표했다. 기업들의 중대재해가 이어지자, 이재명 정부는 ESG 평가를 활용해 금융기관이 해당 기업의 주가, 대출, 채권발행에 영향을 미치는 방안을 검토하고 있다. 유명무실한 제도를 제대로 쓰겠다는 각오다.

국내 자산운용사들의 스튜어드십 코드 가입은 꾸준히 늘

고 있지만, 실제 이행은 여전히 형식적인 경우가 많다. 이 때문에 이행 강화를 요구하는 목소리가 계속 이어지고 있다. 그러나 국내 기관투자자들의 열악한 현실을 감안하면, 이러한 활동을 실질적으로 뒷받침할 제도적 지원책 마련이 병행되어야 한다. 장기간 이어진 국내 증시 부진으로 액티브 펀드가 위축되면서, 국내 기관투자자들은 전반적인 하강 국면을 겪고 있기 때문이다. 2025년처럼 증시가 살아나면 펀드로 신규 자금이 몰려와야 하지만 현실은 그렇지 않다. 앞으로 지켜봐야겠지만 돈은 상장지수펀드(ETF)에 몰린다. ETF는 수수료가 낮아서 운용사가 큰 이익을 내기 어렵다. 상당한 규모의 순자산 규모를 유치해야 돈이 되는데 소수의 대형 운용사가 장악한다. 지난 수년간 자산운용사들은 주식부문의 수익성이 하락하면서 주식 운용 전문인력과 시스템 투자를 줄였다. ESG와 책임투자는 ESG 데이터 구매, 전문인력 확보에 추가 비용이 들어간다. 이런 환경에서 자산운용사들은 스튜어드십 이행에 현실적인 어려움을 겪고 있다. 자산운용사의 어려움은 연쇄적으로 ESG 투자 산업 전체로 번진다. 금융당국 입장에서 책임투자 활성화가 궁극적으로 국가 경제 시스템에 긍정적 면이 크다고 판단한다면 운용업계가 책임투자를 늘릴 수 있도록 핀셋 지원을 해야 한다. 예를 들면 ESG 펀드에 코스닥벤처펀드 같은 세제 혜택 도입, 개인연금 투자유형에 리츠처럼 ESG 펀드를 추가하는 방안이다. 여의도(운용사)를 움직이게 하려면 지원도 따라야 한다.

7장 트럼프 2.0, 정책 리스크의 귀환과 ESG의 재정렬

ESG, 속도는 늦췄지만 진화 중인 시장

ESG는 정치의 영향에서 자유롭지 않다. ESG는 기업이나 투자자가 따라야 할 새로운 질서를 정하는 경우가 많은데, 초강대국 미국이 그 질서에 엄청난 영향을 미친다. 기후변화와 ESG를 인정하지 않는다고 공언한 도널드 J. 트럼프 같은 예측불허의 인물이 미국의 수장에 오르면 ESG 전망은 어려워진다. 구글 트렌드 분석을 보면 ESG에 관한 관심은 2019년부터 급격하게 증가했고, 2021년이 지나면서부터는 크게 늘지도 줄지도 않고 있다. 기후변화 관련 이슈들의 법제화, 투자시장에서 ESG와 관련된 변화를 검색해도 유사한 궤적이다.

　글로벌 펀드 통계에서 ESG 투자 흐름을 확인할 수 있다. 글로벌 펀드 서비스사 모닝스타는 지속가능 펀드의 유출입과 순자산 변화를 업데이트한다. 운용자산 유입 규모는 2021년

표 7-1 검색으로 분석한 관심도 변화: ESG

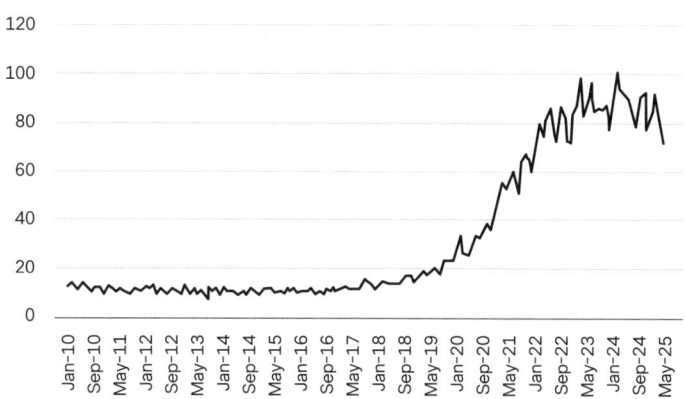

자료: 구글 트랜드 분석

6천억 달러를 넘었다가 2024년에는 1천억 달러 이하로 줄었다. 그렇지만 유입 규모가 유출보다 큰 것은 흐름이다. 자산규모는 2018년 0.8조 달러에서 2021년 2.8조 달러까지 빠르게 늘어났다. 연도별 순유입액(유입액 - 유출액)은 2021년을 정점으로 감소했지만, 2024년까지 순유입 추세가 이어졌다. 2023, 2024년에는 주가 상승도 영향을 미쳐 2024년 말 순자산 규모는 3조 달러를 넘어섰다. 2025년 6월 말 기준 순자산 규모는 3조 3,535억 달러다. 전체 글로벌 지속가능펀드에서 유럽의 비중이 85%로 압도적이며 미국은 10% 남짓이다. 미국에서는 2024년 200억 달러, 2025년 상반기 122억 달러의 순유출이 일어났다. 2021년 이후 ESG 투자에 대해 미 공화당 중심으로 정치적 공세와 소송 리스크, 전문가들의 비판, 그리고 2022년

표 7-2 글로벌 지속가능펀드의 순자산과 순유입 규모

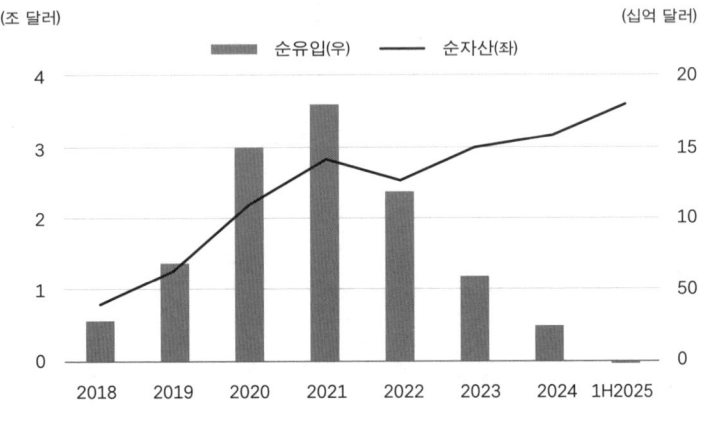

자료: 모닝스타

에 수익률 부진을 기록했음에도 불구하고 ESG 투자는 '현상 유지 이상'을 기록하고 있다. 한국 증시의 단골 표현을 빌리면 '견조한 성장'을 하고 있는 셈이다. ESG 펀드는 위기가 아니다. ESG 펀드의 순유출 증가가 아닌 순유입 둔화를 두고 'ESG 투자는 끝났다'라고 이야기하는 건 섣부른 판단이다.

한국의 ESG 투자 펀드도 글로벌 통계와 유사하다. 주식형 펀드 기준으로 ESG 공모 펀드, 그리고 엄격한 책임투자 운용 스타일을 준수해야 하는 일임 펀드의 합산 규모는 2021년을 정점으로 소폭 감소한 후, 9조 원 수준에서 횡보하고 있다.

책임투자 원칙(PRI)에 신규로 서명한 연기금, 공제회, 퇴직연금 같은 자산 소유자의 숫자도 줄지 않았다. 2005년 PRI 탄생 이후 가입자 수는 2010년대 후반까지 잠잠하다가

2018년부터 3년간 급증했다. 파리 기후변화협약, 유럽의 지속가능금융 법제화, 스튜어드십 코드 가입 확산의 영향이었다. 하지만 신규로 서명한 자산 소유자는 2021년 103개를 정점으로 2024년 33개로 3년 급증 후에 3년 만에 급감했다. 그래도 자산 소유자의 신규 가입자 추세가 줄어든 데 큰 의미를 부여할 필요는 없다. 경쟁사들의 움직임에 맞춰 'ESG 투자를 금방 도입해야 한다'라며 생겼던 붐이 식은 정도라고 보는 게 맞을 것이다. 전체 가입자 숫자는 큰 변화가 없다.

지속가능금융, 글로벌 자본의 새 표준이 되다

주식은 펀드 규모로 시장 흐름을 읽는다. 채권은 발행 규모, 대출은 실행 규모가 기준이다. 채권발행과 대출실행은 발행(issuing) 혹은 금융(financing)이라고 한다. 금융이 중의적으로 쓰이는 예다. 지속가능금융이 유행인지, 성장이 꺾였는지를 말할 때도 금융이라고 표현한다. '지속가능금융이 얼마였어?'라고 물으면, '녹색채권, 사회적채권, 지속가능성채권은 각각 얼마가 발행되었고, 지속가능성 연계 대출은 얼마 실행되었다'라고 말한다.

블룸버그 통계에 따르면 글로벌 지속가능금융은 2019년 5조 달러를 돌파하며 본격 성장해 2021년 19조 달러로 정점을 찍고 연간 13조 달러 수준에 도달했다. 성장세가 꺾인 듯 보이지만 신규 발행은 멈추지 않았다.

한국에선 ESG 펀드로 순유입이 주춤한 사이 은행, 주택

금융공사 같은 공공기관 중심으로 ESG 채권 발행과 ESG 대출이 급증하고 있다. ESG 채권의 발행은 2019년 34.4조 원에서 2021년 163.6조 원, 2023년 244.7조 원으로 늘었다. ESG 대출 규모도 2021년 275.8조 원에서 2023년 761.8조 원으로 늘어났다. ESG 채권과 대출에 대한 제반 규정이 갖추어지면서 빠른 성장세를 보였다. 물론 진정한 ESG의 의미를 담아낸 채권과 대출이냐에 대한 논란은 남지만, 지속가능금융 전체 차원에서 고무적인 일이다.

트럼프 시대의 역풍, 침묵의 ESG '그린허싱'

글로벌 ESG 리서치 기관인 MSCI ESG 리서치와 R.I.(Responsible Investor)는 매년 말 이듬해 ESG 전망을 발표한다. 두 회사가 공통으로 선정한 2025년 ESG 첫 번째 트렌드는 넷제로(Net Zero)에서 전환금융으로 이동이었다. 완벽한 탄소중립 실현은 기술, 제도, 비용 등 현실의 벽에 부딪혔고, 대신에 탄소감축의 방향성에 초점을 맞추며 전환금융이 대안으로 확산한다고 부연했다. 두 번째 공통점으로 금융시장에서 쓰는 용어에 ESG가 사라지는 경향이다. ESG에 반대하는 진영과 다툼을 피하고자, 혹은 마케팅 차원에서 미국과 유럽의 ESG 펀드 운용사들이 ESG 대신 '지속가능성' 같은 용어를 채택한다는 것이다. 마지막은 ESG에서 사회 이슈의 중요성이 확대되는 추세다. AI의 확산과 빅테크의 영향력 확대로 개인정보 보호 관련 위험이 늘고 있다는 견해다.

ESG 실행 방식과 지속가능 금융시장에 미묘한 변화가 나타나고 있고, 이는 트럼프 재등장에 따라 회자되고 있는 그린허싱(Greenhushing)이란 신조어와 연결된다. 그린허싱은 ESG와 기후변화 대응에 대해 소송까지 걸며 막으려 하는 미국 공화당 때문에 생긴 풍조다. 그린워싱(Greenwashing)이 탄소감축 활동이나 ESG 경영 및 투자를 보여주기식으로 하는 것이라면, 그린허싱은 실제로는 ESG 관련 활동을 하면서 하지 않는 척하는 것이다. 혹은 핵심 사업은 그대로 두고, 비판을 피하고자 살짝 방식만 바꾸는 경우도 있다. ESG를 위선이라 비판할 때 쓰는 '깨어있는 자본주의(woke capitalism)'•와는 다른 개념이다. 그린허싱은 이런 공격을 피하기 위한 기업들의 '방어 전략'이다.

2023년, 블랙록의 래리 핑크는 블랙록 운용에서 ESG 용어를 지우겠다고 선언했다. 공화당과 석유업계의 ESG에 대한 반발이 계기였다. 2024년 트럼프가 대선후보로 선출된 이후부터 ESG 진영의 균열은 더욱 크게 드러나기 시작했다. 탄소중립을 목표로 결사했던 금융권의 이니셔티브에서 이탈자들이 나타났다. 2024년 말부터 골드만 삭스, 웰스 파고, 시티그룹, BOA, 모건 스탠리, JP 모건 같은 초대형 은행들이 넷제

• 깨어있는 자본주의는 진보적인 사회적 대의를 공개적으로 수용하거나 문화 및 정치적 이슈에 대한 입장을 취하는 기업을 묘사하는 정치적인 용어로, 종종 비판적으로 사용된다. 비평가들은 이것이 진정한 헌신보다는 주로 마케팅 목적을 위한 성과주의적 행동주의를 나타낸다고 주장한다.

로 은행연합(Net Zero Bank Alliance, NZBA)을 탈퇴했다. 2025년 8월, NZBA는 일시적으로 활동을 중단하면서 회원제 연합이란 성격을 지우고 지침을 제공하는 그룹으로 ESG 색채를 낮추는 논의를 진행 중이다. 넷제로 보험과 자산운용사 연합, 기후행동 100+(CA100+)에서도 비슷한 일이 벌어졌다.

2025년 1월 말에는 미 연방준비제도이사회가 금융시스템 녹색화를 위한 중앙은행과 감독기구의 연합(Network of Central Banks and Supervisors for Greening the Financial System, NGFS) 탈퇴를 발표했다. NGFS는 금융시스템의 기후 위험을 포착하고 완화하기 위한 가이드라인을 제시하는 것을 목표로 전 세계 중앙은행이나 감독기관들이 참여해서 2017년 설립했고, 2020년 연준도 가입했다. 미 연준은 2021년 3월 상원 보고에서 금융기관이 기후변화 관련 리스크에 대한 복원력을 갖도록 하는 것이 연준의 중요 책무라고 밝혔다. 미 연준의 탈퇴는 정치적으로 독립성을 지향하는 중앙은행이 차기 트럼프 행정부의 비판으로부터 자신을 보호한 조처라는 분석이 지배적이다.

이런 사태를 ESG의 후퇴라고 단언할 수는 없다. 결사 조직의 탈퇴는 법적 리스크 회피를 위한 전략적 선택이다. 해당 금융기관들은 책임투자, 지속가능, 전환금융 등으로 이름을 바꿔 기존의 기후변화 대응과 ESG를 이행하고 있다. ESG 펀드에서 펀드 이름이나 운용 목표 같은 포장을 바꾸는 것일 뿐이다. 이런 기업과 투자자들은 자신들의 목표가 화석연료 배제라고 전면에 내세우지 않는다. 어떤 회사(블랙록)는 화석연료 공존이 불가피하다고 연례 서한에 공개 선언하기도 한다. 그런데 내용을 잘 살펴보면 기후기술 투자와 에너지 효율 개선 노력을 강조하는 식이다. 회사 홈페이지에서는 ESG를 지우지만 조용히 탄소감축 목표를 이행하고 있다. 이들 행동의 배경은 '소나기는 피하자'에 가깝다. 트럼프 2기 정권은 종료 시점이 정해져 있고, 기업과 투자자에게 글로벌 탄소 규제는 영속적으로 다뤄야 할 위기이자 기회 요인이기 때문이다.

에너지 이중주: 석유도, 태양광도 늘린 미국식 실용주의

트럼프 대통령은 대선 캠페인에서 'Drill, baby, drill!'*을 외쳤다. 의역하면 '자기야, 계속 파자' 정도가 되겠다. 석유산업 종사자의 귀에 달콤하게 들릴 말이다. 미국의 석유 생산량은 세계 1위로 2, 3위인 사우디, 러시아와 격차가 꽤 크다. 석유 생산은 민주당 바이든 정부에서도 내내 증가했다. 2010년대부터 가파르게 증가한 셰일 오일 덕분이다. 가스도 마찬가지로 세계 1위다. 미국은 2024년 호주와 카타르를 제치고 전 세계 LNG 수출 1위 국가로 등극했다. 트럼프 정부는 세계 곳곳에 열심히 LNG를 세일즈 중이다. 한국과 일본에는 알래스카 LNG 프로

---

* 2008년 공화당 전당대회에서 마이클 스틸 전 메릴랜드 부지사가 처음 사용한 캠페인 슬로건. 추가 에너지원으로서 석유나 가스 시추 확대에 대해 지지를 표현했으며, 부통령 후보 토론에서 세라 페일린 공화당 부통령 후보가 사용한 후 더욱 유명해졌다. 트럼프 대통령은 2024년 대선 캠페인 동안, 이 문구를 반복해서 사용했다.

표 7-3 미국, 러시아, 사우디아라비아의 석유생산량

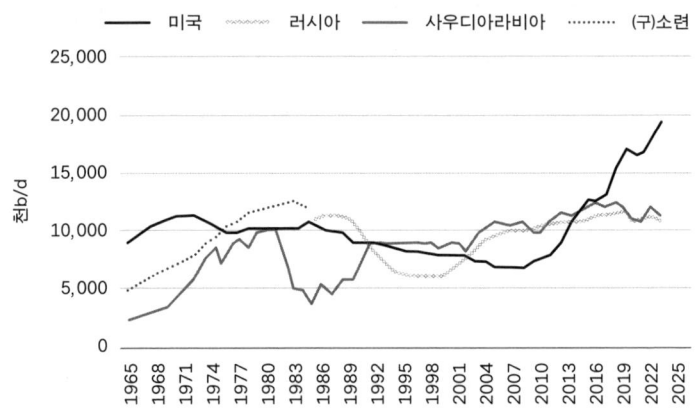

자료: Energy Institute

젝트에 투자하고 가스도 구매하라고 종용하고 있다.

많은 나라가 탄소감축을 위해 화석연료 사용을 줄이는 상황에서 미국은 꿋꿋하게 화석연료를 사용하고 있다. 미국은 에너지전환의 중간 과정에서 화석연료가 필요한 나라들에 에너지 안보를 강조하며, 자국 석유의 가격 경쟁력을 활용해 발전 연료 외에도 석유화학 원료까지 초점을 맞춰 가스와 석유를 판다. 한국이 모든 조건에 해당한다. 트럼프는 2025년 취임 직후 예정대로 파리 기후변화협약을 다시 한번 탈퇴했다. 가스와 원유를 더 많이 팔려는 생각이 앞서 있었을 것이다.

텍사스의 태양광과 미국식 실리 추구

미국 석유산업의 본산은 텍사스다. 텍사스주는 공화당 텃밭인 소위 공화당 우세주다. 공화당=텍사스=유전의 구도다. 그런 텍사스에서 미국 내 다른 모든 주를 합한 것보다 많은 12GW의 태양광발전 설비를 건설 중이다. 2025년 텍사스의 태양광발전 비중은 40%를 넘어설 전망이다. 미국의 태양광발전용량은 전국적으로 약 190GW이고, 텍사스는 27GW로 캘리포니아 50GW에 이어 두 번째로 많이 설치됐다. 2021년 겨울 대한파와 정전 사태를 겪었을 당시, 일각에서 재생에너지가 늘어난 탓을 했지만, 아랑곳하지 않고 재생에너지 설치를 추진하고 있다. 태양광과 함께 ESS도 빠르게 늘고 있다.

재생에너지 설비의 위치를 표시한 미국 지도에서 텍사스는 빽빽하게 점들이 들이차 있다. 테슬라, 오라클, 휴렛 팩커드 엔터프라이즈, 찰스 슈왑, 셰브런 같은 글로벌 대기업들이 본사를 텍사스로 이전했다. 기업을 운영하기 좋은 환경으로도 1순위지만 재생에너지 활용 가능성도 고려 사항이다. 이런 대기업들이 텍사스에 많아지며 기업들의 재생에너지 전력구매계약 체결도 늘어나고 있다.

최근 수년간 미국의 신규 발전설비는 압도적으로 태양광, ESS, 풍력의 재생에너지 트리오가 주도했다. 2024년에는 재생에너지 트리오가 90% 이상을 차지했다. 2010년대 중반부터 태양광과 가스가 신규 설치 1위를 두고 경쟁하다가 2020년부터는 태양광이 부동의 1위이고, 전력망 안정이 문제가 된 2021년부터는 태양광의 백업 설비인 ESS의 신규 설치가 두드러지게 증가했다. 2024년에는 풍력발전도 성장세가 두드러지면서 가스발전을 제쳤다. 신뢰성이 떨어지긴 하지만 트럼프 대통령도 태양광발전을 '환상적인 에너지'라고 부른 바 있다.

미국 밖에서 화석연료를 열심히 팔고 미국 안에선 청정에너지를 확대하는 이중적인 모습은 트럼프 1기(2017~2021년)에서도, 후임 바이든 정부(2021~2024년)에서도 진행되었다. 미국의 이익에 부합하기 때문이다. 온실가스 집약도의 차이로 관세를 부과하는 CCA 같은 관세장벽을 세우려 하는 것도 같은 이유다. 미국의 석유와 가스를 수입하는 나라들은 집약도 하락에 부정적인데, 수출국 미국은 비(非) 화석연료 발전원을 확대하면서 내려가는 추세다. 관세로 물가 관리가 어려워지고 있는데 미국이 물가만 적절히 제어할 수 있다면 CCA는 미국의 이해에 꼭 맞아떨어지는 정책이다.

미국 국내 재생에너지 설치 증가는 앞으로도 계속 이어질 수 있을까. 추세를 생각하면 'yes'다. 아무리 트럼프 2.0 시대라지만 화석연료 업계를 위해 재생에너지를 위축시키는 정책을 내놓을 가능성은 작아 보인다. 이미 태양광과 ESS가 확실한 에너지원으로서 자리를 잡았기 때문이다. 다만 태양광과 ESS에서 중국을 배제하는 공급망 재편 과정의 속도 조절, AI 전력수요 대응을 위한 가스발전*, 원자력발전의 재부상 등으로 미국의 재생에너지 업계가 다소 혼란스러운 시기를 보낼

• 예를 들어 오픈AI, 소프트뱅크, 오라클이 텍사스에 짓겠다는 데이터센터의 전력원은 가스발전이다.

가능성은 있다.

주가는 실적에 선행하고 기대와 동행한다는 말이 있다. 주가가 그 산업의 기대를 반영한다는 말이다. 재생에너지 관련 주가는 정부의 미래 에너지 정책에 예민하게 반응한다. 2기 트럼프 대통령 집권 이후 원전 주식이 많이 올랐지만, 태양광을 위시한 에너지 전환 관련 주식들 주가도 비교적 순항 중이다. 트럼프 임기 4년 동안(중간 평가가 남아있지만) 모순적인 정책은 지금보다 많아질 것이다. '트럼프 재집권으로 기후변화 대응은 다 끝났다'라는 예측은 오류로 끝날 가능성이 크다.

ESG의 본고장 유럽, '옴니버스 패키지'가 남긴 충격

EU는 ESG를 선도해왔다. 기업 경영에 이해관계자를 중시하고 지속가능한 발전을 수용하며 오래전부터 관련 제도를 발전시켜왔다. 금융과 기업 대상의 ESG와 지속가능 정책은 글로벌 금융위기와 파리협약 모멘텀을 거치며 규제 형태로 나타났다. EU가 주도한 법제화는 역외 기업에도 해당하는 내용이 많았다. EU에 매출이 있거나, EU 기업의 공급망에 속한 기업들은 이런 규제에 대비해왔고 그 과정에서 ESG가 세계 곳곳으로 확산됐다. 대표적인 규제로 기후변화 대응을 포함한 포괄적인 비재무 정보의 정보공개 지침인 CSRD(기업 지속가능성 보고 지침)를 비롯해 공급망 실사 지침인 CSDDD(기업 지속가능성 실사 지침), 친환경을 판명하는 기준인 EU Taxonomy(분류체계), 탄소감축을 유도하는 다른 이름의 관세 제도

표 7-4 옴니버스 패키지의 대표적인 완화 정책

	항목	개정 전	개정 후
CSRD	보고 의무 적용 대상	• 모든 대기업(직원 250명 초과, 연 순매출 5,000만 유로 초과, 자산 총액 2,500만 유로 초과 중 2개 이상 해당 기업) • EU 규제 시장 상장 중소기업	직원 1,000명 초과이면서 연 순매출 5,000만 유로 또는 자산 총액 2,500만 유로 초과 기업
	비 EU국가 기업 적용	EU 내 연 매출 1억 5,000만 유로 초과	EU 내 연 매출 4억 5,000만 유로로 상향 조정
	보고 일정	• 1차(2025): 상장 대기업 • 2차(2026): 그 외 EU 대기업 • 3차(2027): 일부 상장 중소기업	2차 및 3차 대상 기업에 대해 현행 보고 일정에서 각각 2년씩 유예
CSDDD	공급업체 위험평가	간접 공급업체 포함	• 직접 공급업체만 평가 • 간접 공급업체와 관련된 부정적 영향에 대한 신빙성 있는 정보가 있을 때만 평가
	공급업체 모니터링 주기	매년	5년

EU 택소노미	보고 대상 기업의 범위	CSRD 보고 의무 대상 기업의 경우 택소노미 규칙에 따른 보고 필수	직원 1,000명 초과하고, 매출 4억 5,000만 유로 초과인 기업만 의무적 보고, 이하는 자발적 보고 선택 가능
	DNSH 판단기준	엄격한 DNSH 판단기준 적용	가장 복잡한 '화학물질의 사용과 존재'와 관련된 '오염 예방 및 통제'에 대한 DNSH 판단기준 간소화

자료: 법무법인 세종

CBAM(탄소국경조정제도) 등이 있다.

 EU 집행위원회는 이러한 지속가능성 관련 규제를 간소화하는 포괄적인 입법 개정안인 '옴니버스 패키지'를 2025년 2월 26일에 발표했다. 예를 들어, CSRD 적용기업의 기준을 크게 상향하고 보고 일정도 연기시켰다. CSDDD도 공급업체에 대한 위험평가 해당 기업과 모니터링 주기를 완화했다. EU 택소노미도 보고 대상 기업 범위를 축소했다. 택소노미와 지속가능 정보공개 등에 판단기준이 되는 DNSH*도 완화했다. 새로운 지침 아래에서 CSRD 적용기업 수는 80% 감소할 예정이다.

- DNSH(Do No Significant Harm)는 "중대한 피해를 주지 않는다"라는 원칙으로, 유럽연합(EU)의 지속가능발전 정책과 투자에 반영되고 있다.

속도보다 실용, EU가 택한 새로운 균형점

ESG를 분명한 흐름으로 보는 시각에서는 그간 지속가능 정보공개에 대해 'EU가 이렇게 앞서 나가고 있고, EU 기업에 수출하거나 공급망에 연결된 회사들은 피할 수 없는 현실의 위험이다. 한국 정부는 관련 제도 도입을 서둘러야 한다'고 주장해왔다. 그동안 '반대의견을 설득해 빨리 준비해야 한다'고 주장하던 이들, 특히 기업 내부 관계자들은 옴니버스 패키지를 처음 접하고 꽤 당혹스러웠을 것 같다.

EU 집행위의 표면적인 설명은 과도한 규제 위주의 접근 방식을 개선하겠다는 것이다. 탄소중립 목표에 변화는 없고 실행 방식에서 규제보다 인센티브를 강조하는 변화라고 설명한다. 하지만 이번 간소화는 기업과 투자자들의 불만과 반발을 일부 수용한 것이라고 봐야 한다.

최근 EU의 경기상황은 좋지 않다. 최강국 독일이 2023년 -0.3%, 2024년 -0.2%로 2년 연속 마이너스 경제성장을 기록했다. 정치 지형도 변화했다. 2024년 6월 유럽의회 선거에서 기후변화 대응에 비판적인 우파 계열의 정당이 약진했다. 유럽의회만이 아니라 이탈리아, 스웨덴, 핀란드, 네덜란드 등 유럽 각국에 우파 성향 정부가 속속 자리를 잡고 있다. 중도를 자처하는 마크롱 프랑스 대통령은 2024년 가을 총선 이후 우파 성향 수상을 임명했다. 독일은 세 개 정당의 연정이던 소위 '신호등 연정'이 2025년 2월 말로 붕괴하며 우파의 약진이 예상된다. 이런 가운데 미국 대통령에 트럼프가 취임하며 미국과 EU

간에 관세전쟁 우려가 커졌다. 아무리 '지속가능'을 강력하게 추진했던 EU지만 흔들릴 수밖에 없는 정치 경제 환경이다.

사실은 간소화된 옴니버스 패키지 이전에 이미 신호가 있었다. 2025년 1월에 발표한 '경쟁력 나침반(Competitiveness Compass)'으로 최근 5년간 EU의 경쟁력 회복과 기업 규제 간소화 전략을 구체적으로 제시한 보고서다. 여기에는 규제 간소화와 함께 AI, 반도체산업과 공급망 강화 지원, 청정산업딜(Clean Industrial Deal, CID) 등의 내용이 포함됐다. '경쟁력 나침반'은 EU가 지속가능 규제를 완화하고 인센티브를 강화하겠다는 방향 전환이었다. 마리오 리포트˚의 주장을 정책으로 풀어낸 셈이다. 그렇게 경쟁력 나침반의 한 축을 담당한 청정산업딜은 경쟁력과 탈탄소화의 조화를 위한 로드맵이다. 핵심은 '조화'다. EU 산업의 탈탄소화를 촉진하는 동시에, 기업에 명확한 경제적 인센티브를 제공하겠다는 것이다. 일종의 유럽 경제 부흥책이다. 2019년 12월 공개해 꾸준히 보폭을 확장해왔던 EU 그린딜(Green Deal)의 최신판인 격이다.

- 2024년 9월, 마리오 드라기(Mario Draghi) 전 유럽중앙은행(ECB) 총재가 작성한 보고서. 정식 제목은 「The Future of European Competitiveness – A Competitiveness Strategy for Europe」이다. EU의 미국과 중국 대비 경쟁력 문제를 지적하고, 디지털 경제 발전과 혁신을 위한 대규모 투자를 제안했다. 특히 EU가 AI, 디지털 경제 등 혁신 분야에서 부진한 점을 강조하며, EU 차원의 대규모 투자를 통해 혁신 생태계를 강화하고, 기업들이 기술 개발에 투자할 수 있도록 지원해야 한다고 주장했다. ESG와 관련해 탈탄소화 및 클린테크에서 EU가 주도권을 확보해야 한다는 주장도 담고 있다.

표 7-5 EU 그린딜의 전개

2019.12.	우르줄라 폰 데어 라이엔 유럽연합 집행위원회 위원장은 2050년까지 유럽을 기후 중립국으로 만들기 위한 유럽연합의 주요 이니셔티브로서 유럽 그린딜을 발표
2020.3.	2050년 기후 중립 목표를 법으로 제정하는 최초의 유럽 기후법 (Climate Law) 제안
2021.7.	2030년까지 EU 온실가스 배출량을 55% 이상 감축하기 위한 포괄적인 제안인 'Fit for 55' 패키지 발표: • EU 배출권거래제(ETS)의 개정 • 새로운 탄소 국경 조정 메커니즘(CBAM) 도입 • 재생에너지 지침 개정, 에너지 효율 지침 개정 • 자동차나 밴에 대한 CO_2 배출 기준 강화
2022.2.	유럽위원회, 기업 지속가능성 실사 지침(CSDDD)에 대한 제안서를 채택
2022.11.	COP27 - 러시아의 우크라이나 침공에 따른 에너지 위기에도 불구하고 EU는 그린딜 등 정책 일관성 유지 천명
2024.6.	유럽의회 선거 결과, 급격한 녹색 전환 속도에 비판적인 정당의 대표성 강화
2024.7.	EU 위원회는 다양한 그린딜 요소에 대한 "경쟁력 점검" 평가를 시작하여 환경적 목표와 경제적 현실의 균형을 맞추기 위한 잠재적 조정을 예고
2024.9.	마리오 리포트 발간. EU의 경쟁력 강화 방안을 담은 내용
2025.1.	EU 경쟁력 나침반(Competitiveness Compass) 발표
2025.2.	옴니버스 패키지와 청정 산업딜(CID) 발표

한국, ESG의 변곡점을 놓치지 말아야 할 이유

ESG와 지속가능성장 등의 개념이 확산되고 실제 행동으로 나타나는 데 있어 EU의 역할이 컸다. 그런 점에서 최근의 유보적 조치는 러우 전쟁을 겪으며 경기침체와 정치 변화 등을 이유로 '속도 조절'에 힘이 실렸다고 봐야 한다. 한국은 EU의 속도 조절로 생긴 여유시간을 경쟁력 강화의 계기로 삼아야지 '그러면 그렇지, ESG는 끝!'이라고 오판하면 안 된다. 1등이 쉰다고 같이 쉬면 안 될 열등생이기 때문이다.

트럼프 2.0 시대의 ESG도 마찬가지다. 최대 4년인 트럼프 2기 정부가 표면적으로 보이는(실속 차원에서 슬며시 수면 아래로 숨긴 ESG 정책) 모습 때문에 지속가능의 가치를 버릴 이유는 없다. 기업 경영과 금융시장의 투자 방식에 대외환경 변화에 맞춘 새로운 ESG 2.0이 필요할 뿐이다. 새로운 ESG 2.0은 지속가능성의 가치와 철학은 유지하되 강대국의 변화를 잘 헤아려 우리에게 부족한 펀더멘털—국가와 기업의 기후경쟁력, 사회적 가치 강화, 기업 거버넌스 개선—을 강화하는 것에서 시작할 수 있다.

8장

정책·시장·거버넌스, 이재명 경제의 삼각 프레임

미국과 유럽에서 일어나고 있는 ESG 변화를 간략히 살펴봤다. 2025년 6월 한국의 새 정부가 출범했다. 앞으로 5년, 한국의 모습을 ESG의 앵글로 바라봤다. E 환경, S 사회, G 거버넌스 차례로 살펴본다.

ESG

앞으로 5년, 기후 대응 속도가 승부를 가른다

ESG를 구성하는 세 가지 기둥 중 하나는 'E 환경'이다. 기후변화는 E 환경의 핵심이다.* ESG는 통합적인 환경, 사회, 거버넌스 사고에 기반을 둔 투자와 경영의 방식을 추구하지만,

- 물론 ESG 평가에서 E를 평가할 때 기후변화 대응이 전부는 아니다. 오염물질 배출, 폐기물 관리 등도 중요한 평가 요소다.

기후변화 대응을 빼놓고 ESG를 이야기할 수 없다. 지속가능한 기업가치 향상의 성공도 기후변화 대응에 달려 있다. ESG와 기후변화 대응을 동격으로 생각하는 것도 무리가 아니다.

탄소감축은 2015년 파리협정을 계기로 국가 정책의 목표가 되었다. 당시 박근혜 정부는 국제사회에 온실가스 감축 목표를 처음 제시했다. 문재인 정부는 감축 목표를 상향하며 법으로 공식화했다. 윤석열 정부는 부문별 세부 목표를 수정했다. 그럼에도 파리협정 이후 10년을 밀도 있게 채우지 못했다. 진보와 보수는 재생에너지와 원전으로 나뉘어 국가 에너지 방향을 두고 갈등했다. 그런 와중에 산업계의 배출량 문제는 어영부영 넘어갔다. '송전망 부족, 재생에너지 비중 OECD 최하위권, 국가 기후경쟁력 낙후'라는 결과가 남았다.

이재명 정부는 기후변화 대응의 첫 단추인 에너지 문제를 잘 이해하고 있다. AI를 겨냥하지만, 결국엔 온실가스 감축과 연결될 에너지 고속도로 건설이 주요 국가 과제로 오른 게 그 증거다. 앞으로 5년, 정부에서 기후변화 대응을 담당할 사람들의 정신없이 바빠질 모습이 그려진다. 대통령의 임기 마지막 해인 2030년은 국제사회에 약속한 2018년 대비 2030년 순배출량 40% 감축의 목표 시점이다. 탄소 배출량을 기준으로 무역장벽을 치는 CBAM 본격 실행 시기도 2020년대 후반이다. 도입 일정조차 확정하지 못한 기후공시 의무화부터 서둘러 안정된 체제로 만들어야 하는 시기이기도 하다.

두 정부의 흔적, 에너지 전환 정책의 교훈

'밀도 있게 진행하지 못해' 남긴 숙제부터 점검해야 한다. 문재인 정부는 '2030년 재생에너지 20%' 공약을 제시했다. 원전 밀어내기를 중요하게 생각했던 것 같다. 출범 직후 '신고리 5·6호기' 건설 재개를 결정하기 위해 공론화위원회를 설치하고 국민 의견을 수렴했다. 시민대표단 투표라는 민주적 절차를 거쳐 신고리 5·6호기 건설 재개를 결정했다. 이후 국가 에너지기본계획, 제9차 장기 전력수급계획을 통해, 더는 신규 원전을 짓지 않고 기존 원전의 수명연장을 중지하는 원전 축소 결정을 내렸다. '점진적 원전 축소'라는 주장에도 불구하고 '탈원전 정책'으로 평가받았다.

에너지기본계획 수정까지 원전 이슈가 일단락될 즈음 '그린뉴딜 정책'이 등장했다. 유럽을 모델 삼아 재생에너지를 확대하는 실행 계획이었다. 재원은 '선 재정 투입, 후 민간투자 유치'로 설정했는데 결과적으로 실패였다. 그린뉴딜의 본령은 중앙집중적인 한국 전력에너지 시장의 헤게모니 변화다. 전력시장 개혁을 동반해야 성공을 기대할 수 있었다. '악마는 디테일에 있다'는 말처럼 실무 측면에서 허술했다. 위험과 기회를 꼼꼼하게 따지는 금융회사 입장에서 손쉬운 먹거리인 부동산 PF 대신 재생에너지 인프라 PF에 투자하고 주선할 이유가 약했을 것이다. 지방의 미분양 아파트와 텅 빈 지식산업센터는 '재생에너지 시설로 가야 했을 자금'의 안타까운 얼굴이다.

문재인 정부 에너지 정책 실패의 원인을 악의적인 탈원전

프레임 공세 때문으로만 볼 수는 없다. 원자력 대신 재생에너지를 미는 시도는 국민 다수의 동의를 얻지 못했다. 러시아와 우크라이나 전쟁으로 LNG 가격이 폭등하고 에너지 안보 우려가 커지면서 게임은 끝났다. 가정이지만 문재인 정부가 재생에너지를 원전과 대결 구도로 내세우지 말고 석탄과 가스 같은 화석연료를 줄이는 데 집중했으면 어땠을까 궁금하다.

기후변화 대응 측면에서 문재인 정부의 성과는 2030년까지 국가 온실가스배출량을 2018년 대비 35% 이상의 범위에서 대통령령으로 정하는 비율만큼 감축하는 내용을 담은 〈탄소중립기본법〉 제정이었다. 이어서 문 정부는 2030년의 순배출량을 2018년 총배출량 대비 40%로 정한 〈NDC 상향안〉을 유엔기후변화협약(UNFCCC) 사무국에 제출했다.

윤석열 정부는 탈원전 정책을 폐기하고 적극적인 원전 진흥책을 펼쳤다. 과학적인 탄소중립 이행 방안을 추진하겠다며, 문재인 정부의 원전과 재생에너지 정책을 비과학적이라고 맹공했다. 윤석열 정부 친원전 정책의 정점은 '신한울 3·4호기' 건설 재개다. 건설 재개지만 사실상 신규 원전 건설이었다. 신한울 3·4호기는 건설허가 심사 단계였던 2017년 10월 문재인 정부가 공론화를 거친 후 국무회의에서 '에너지전환 로드맵'을 의결하면서 중단된 사업이다. 윤석열 정부가 2022년 7월 사업 재개를 선언하면서 건설허가 심사가 재개됐고, 2024년 9월에 건설허가를 취득했다. 2022년 9월에는 제10차 장기 전력수급계획의 초안이 발표되고 이듬해 1월 확정됐다.

윤석열 정부는 문재인 정부의 에너지믹스 계획을 크게 바꿨다. 2030년 원전 발전량 비중 목표는 23.9%에서 32.4%로 높이고, 재생에너지는 30.2%에서 21.6%로 낮추는 내용이었다. 불과 5년 사이에 국가의 2030년 원전과 재생에너지 비중 계획이 20%와 30%를 넘나들며 변했다. 2023년 3월에는 탄소중립 계획(NDC)의 부문별 감축 목표를 수정했다. 2030년 전체 감축률은 2018년 총배출량 대비 순배출량 40%를 유지하되, 산업부문 감축 목표를 14.5%에서 11.4%로 낮췄다. 철강, 정유·화학 같은 온실가스 다배출 대기업들의 부담을 덜어준 결정이었다. 윤석열 정부는 짧았던 임기 내내 원자력 선호 정책과 대기업 친화적인 정책을 밀어붙였다.

이런 정책 기조에서 재생에너지 기반은 위축됐다. 한국의 신규 태양광 설치량(자가설비 제외)은 2020년 4,070MW를 정점으로 감소했고, 풍력 설치량은 참담한 수준에서 바닥을 기었다. 2024년 신규 설치량은 태양광 3,152MW, 풍력 97MW이다. 2024년 전체 발전용량 증가는 8,656MW였다. 이 중에서 화석연료 발전원 LNG가 3,143MW, 석탄이 1,050MW 늘었다.

2024년 신규 설치량에서 순수 재생에너지 비중은 38%였다. IEA에 따르면 2024년 전 세계 신규 발전설비의 92.5%가 재생에너지였다. 미국도 91%였다. 다른 나라들이 재생에너지 확대에 속도를 낼 때 우리는 화석연료 발전을 늘리고 있던 것이다. 탄소중립 달성은 여전한 구호였다. 코미디 같은 일은 2023년 여름, 대통령이 직접 나서 발표한 '가스전' 프로젝트,

이른바 대왕고래 프로젝트다. 화석연료를 어떻게 줄일까만 고민해도 모자랄 상황이었다. 경제성이 없어 묻힐 운명이 되어가는 형국이니 잘된 일이다.

한수원 컨소시엄이 수주한 '체코 두코바니 원전 건설'도 수지타산 논란을 비켜갈 수 없어 보인다. 1,000MW급 원전 2기를 2036년까지 건설하는 이 프로젝트의 사업비는 약 26조 원. UAE 바라카 원전 이후 16년 만의 해외 수주로 원전 기자재 생태계에 단비 같은 소식이지만, '정말 이익이 되느냐'는 문제가 남았다. 로열티 성격인 미국 웨스팅하우스와 계약이 불리하게 작용할 가능성이 크다는 우려다. 공기업 한수원 컨소시엄의 손익은 결국 국민에게 귀속된다. 수익성을 포기하며 수주 경쟁을 할 이유가 없다. 그렇지만 이미 배는 떠났다. 어쩔 수가 없다.

실용주의 정부, 기후정책의 시험대에 서다

한국의 에너지 정책은 앞선 두 정부를 지나면서 일관성 없이 흔들렸다. 국제사회에 약속한 탄소감축 목표는 비가역적이기에 유지됐지만, 세부 계획은 오락가락했다. 진영 갈등이 컸고, 국가 기후경쟁력은 퇴보했다.

이재명 정부의 과제는 기후경쟁력 강화다. 무엇보다 진영 간 에너지 갈등을 멈춰야 한다. 진보 진영인 이재명 정부는 원전에 대해 포용적 태도를 보이되 실용적 관점으로 접근하고 있다. 2025년 봄 '원전 2기'와 'SMR 1기' 신설을 담은 제11차 계획이 여야 합의로 확정됐다. 그럼에도 이재명 대통령은 취임 100일 기자회견에서 재생에너지를 다시 강조했다. "원전은 지어서 실제 가동하는 데에만 15년이 걸린다. 가능한 부지가 있고 안전성이 확보되면 하겠지만 거의 실현 가능성이 없다. 결국 재생에너지로 갈 수밖에 없다." 옳은 지적이다. 당위가 아닌 실용성이 판단 근거다.

중요한 건 성과다. 다행스럽게 정부는 생산적인 분야로의 자금 이동과 기업금융 확대를 주문했다. 이에 대한 세밀한 정책 설계로 실패를 반복하면 안 된다. 그린뉴딜과 비슷한 기후금융 프로젝트를 한다면 전력산업의 헤게모니를 흔들 각오를 해야 한다. 민간금융이 자율적으로 달려들 수 있도록 사업구조도 빈틈없이 설계해야 한다.

NDC·배출권·기후공시, 3대 과제의 현실성과 해법

2025년 2월, 22대 국회는 에너지 특별 3법(국가 기간전력망 확충법·고준위 방폐장 특별법·해상풍력 특별법)을 통과시켰다. 탄핵정국 하에서 정부는 제11차 장기 전력수급계획*을 확정했

• 실무안(2024년 5월)과 정부안(2024년 9월)이 진작 나온 상태로 2024년 말에 확정되어야 했지만, 정치 상황 때문에 최종 확정이 미루어졌다. 최종안은 실무안 대비 신규 원전 건설 호수를 4기에서 3기로 줄었다. 2035~36년에 SMR 상용화 실증 1기 0.7GW, 2037~38년에 대형 원전 2기 2.8GW, 총 3기이다. 태양광·풍력 보급 전망은 증가 폭이 확대되었다. 2030년은 실무안 72.0GW에서 74.0GW로, 2038년은 실무안 119.5GW에서 121.9GW로 조정했다. 큰 폭은 아니지만 원전의 확대 폭을 줄이면서 재생에너지를 늘리며 양 진영의 조화를 추구했다는 상징성이 있다고 볼 수 있다.

다. 남아있는 굵직한 정책 결정은 NDC 업데이트, 탄소배출권 제도 개편, 한국판 기후공시 도입 로드맵 확정이다.

NDC 업데이트는 현재 2030년까지인 국가 탄소감축 계획을 2035년까지 늘려 공식화하는 국가 기후변화 대응의 대형 이벤트다. 환경부 업무 계획에 따르면 이해관계자 논의, 탄소중립녹색성장위원회 심의를 거쳐 2025년 하반기에 UN 기후변화협약 사무국(UNFCCC)에 새로운 NDC를 제출한다. 쟁점은 2018년 대비 2035년의 감축률이다. 50% 내외가 타협 지점이 될 전망인데, 경제단체와 시민단체의 의견은 엇갈린다. NDC와 연결된 일정으로 2031년부터 탄소중립 목표연도 2050년까지 탄소감축 계획도 밝혀야 한다. 시민들이 일부 승소한 기후 헌법소원 판결 후속 조치 때문이다.

탄소배출권 제도 개편, 즉 제4차 배출권 할당 계획(2026~2030)도 지연됐다. 지난 6월, 국회 환경노동위에서 기후특위로 '온실가스 배출권의 할당 및 거래에 관한 법률' 심사권이 이관된 상태다. 2026년부터 새 규정을 적용해야 하므로 2025년 내 배출권 제도 개편을 마무리해야한다. 당초 환경부가 마련한 초안은 전력 생산회사들이 속한 전환부문에서 유상할당(배출권을 돈 주고 확보) 비중을 '대폭' 확대하고, 확보된 추가 수익으로 기업 감축 지원을 확대하겠다는 게 골자다. 배출권 제도에 대한 비판은 낮은 배출권 가격, 낮은 유상할당 비율에 있었다. 기업 가운데 탄소를 가장 많이 배출하는 POSCO가 배출권을 판매해서 수익을 볼 정도였다. 배출권 제도에 정통한 플랜

1.5는 제3차 계획기간 2021~22년을 기초로 계산해보니 실질 유상할당 비율은 4.38%에 그치며, 산업부문의 실질 유상할당 비율은 0.48%에 불과하다고 지적했다. 최종안이 확정될 때까지 쟁점은 전환부문의 '대폭'을 어떻게 정하느냐와 산업부문의 유상할당 수준이다.

한국 지속가능성 기준위원회(KSSB)가 만든 지속가능성 정보공개 기준이 있다. 국제지속가능성기준위원회(ISSB)가 만든 표준안을 바탕으로 만든 기준이다. 한국은 초안을 발표하고 의견 수렴까지 끝낸 지 1년이 넘었다. 이제 기준을 확정하고 언제부터 기업이 의무적으로 반영할지 그 로드맵을 결정해야 하는데, 소관 부처인 금융위는 연기를 거듭해왔다. 기업들이 공시를 준비하는 시간과 준비가 덜 된 중소기업까지 생각하면 기후공시 의무화 로드맵은 확정을 서두를수록 좋다. 금융위는 미국과 유럽 핑계를 대고 있다. 미국은 트럼프 정부 들어 증권거래위원회(SEC) 개리 겐슬러 의장이 사퇴했다. 그러면서 2026년 개시 목표였던 기후공시 적용이 어렵게 됐다. 유럽에서는 비EU 국가 기업에 대한 EU CSRD 적용이 2년 가량 연기됐다. 하지만 미국은 연방과 달리 주 단위에서는 예정대로 진행 중이다. EU는 원래 계획이 너무 빠르고 까다롭기에 속도를 조절할 뿐이다.

무엇보다 한국과 아시아 자본시장에서 경쟁적 관계인 일본, 싱가포르, 홍콩이 기후공시를 채택했다는 사실이 중요하다. 한국만 예외적으로 피할 수 없다. 심지어 한국에 투자하는 외국인 투자자들까지 나서서 서두르라고 요구하는 실정이다. 기후 정보가 부족한 기업은 투자자의 외면을 받고, 심하게는 공급망 재편 속에 비즈니스 기회를 잃을 수 있다. 글로벌 기후 공시 도입의 궁극적인 취지도 돌아봐야 한다. 바로 전 세계가 약속한 기업의 기후변화 대응 유도다. 그런 점에서 이재명 정부에 거는 기대가 크다.

표 8-1 아시아 국가들의 기후공시 의무화 시작 연도

보고 개시 시점	대상 회계연도(FY)	국가
2026	2025	호주, 중국, 홍콩, 싱가포르
2027	2026	대만, 태국, 필리핀, 일본
2028	2027	말레이시아, 인도네시아

자료: PwC, 저자

표 8-2 일본의 지속가능성 정보공개 도입 현황

시점	내용
2023.3	유가증권 보고서에 '지속가능성에 관한 사고방식 및 대처' 신설 TCFD 프레임인 거버넌스, 전략, 위험관리, 지표 및 목표에 따라 정보공개 법제화
2025.3	ISSB를 준용한 SSBJ 기준 확정
FY2026	시가총액 3조 엔 이상 회사 SSBJ 기준 의무 적용
FY2027	시가총액 1조 엔 이상 회사 SSBJ 기준 의무 적용
FY2028	시가총액 5천억 엔 이상 회사 SSBJ 기준 의무 적용

자료: SSBJ, 일본 금융청

기후 리더십은 실행에서 완성된다

한국 기후변화 대응에 결정적 영향을 미칠 2035년까지 NDC 업데이트, 제4기 탄소배출권 제도 개편, 기후공시 의무화 로드맵은 모두 '계획'이다. 하나를 수정하면 연쇄적으로 바뀔 수밖에 없다. 문제는 세 영역의 주관 부처가 다르다는 점이다. NDC는 탄소중립위원회, 탄소배출권은 환경부, 기후공시는 금융위가 각각 맡고 있다. 세 계획과 긴밀한 국가의 에너지 계획은 산업자원부 주관이다. 체계적인 계획 수립, 신속한 의사결정이 중요하다.

기후변화 대응을 위한 통합적인 추진체계 설립의 필요성은 꾸준히 제기됐다. 현재 탄녹위의 전신 격인 녹색성장위원회가 설립된 해가 2009년이었다. 토건의 이미지가 물씬한 MB 정부 시절에 녹색성장이라니 아이러니다. 녹색성장위원회의 위상과 권한은 우여곡절을 겪었다. 문재인 정부는 앞선 파리협약 대응에 힘을 모으기 위해 2021년 5월 탄녹위를 설립했다. '탄소중립·녹색성장 기본법'(탄소중립기본법) 제정과 함께 만든 대통령실 자문 위원회였다. 탄녹위가 수행한 대표적 과업은 국가 탄소중립 계획(2023년) 수립이다. 탄녹위는 동에 번쩍 서에 번쩍일 정도로 활동 반경이 넓었다. 하지만 정책 추진력에 한계를 보였다. 입법과 예산 권한이 없어서다. 금융 관련 법안을 연관 부처와 협의해 시행령을 만들겠다고 했지만, 끝내 만들지 못했다.

이재명 정부는 드디어 '기후에너지환경부'를 신설했다. 기후 대응을 위해 환경부와 산업통상자원부의 에너지 관련 업무를 하나로 합한 새 부처다. 2026년부터 조직과 예산을 가진 기후에너지 정책 담당 부처가 본격 활동을 시작한다. 2030년까지 탄소중립을 향한 속도감 있는 정책 실행을 기대한다.

이재명 정부 국정 청사진 속 기후·에너지의 방향 읽기

인수위 없이 출범한 이재명 정부는 출범 두 달이 지난 8월, 국정기획위원회를 통해 '국정운영 5개년 계획(안)'을 발표했다. 123대 국정과제를 발표했는데, 기후변화와 에너지전환 내용도 다수 포함됐다. 주목할 국정과제는 '기후위기 대응과 지속가능한 에너지전환'에 선정된 8개 국정과제 중에서 네 가지다 (국정과제 38~41번). 정부가 해야 할 일이라고 생각했던 내용이 많이 들어가 있어서 다행이다. 그 와중에 조금 새롭고 인상적인 내용만 강조해보자.

첫째, 에너지 고속도로 구축의 내용에서 송전망 조기 구축, ESS를 활용한 재생에너지 확대는 예상대로다. 흥미로운 대목은 에너지 지방분산과 전기위원회의 독립성 강화와 같은 전력시장 거버넌스 개혁이다. 전력시장에 누적된 문제를 제대로 파악하고 있음을 알 수 있다.

둘째, 제11차 계획에 수립한 2030년 재생에너지 (발전용량) 목표를 뛰어넘는 로드맵 수립이다. 제12차에 올리겠다는 뉘앙스도 풍긴다. 막무가내식 상향이란 비판을 피할 방책을 펴서 사전에 정책 수용 분위기 조성 작업이 예상된다. 재생에너지 수익을 지역 공동체 구성원의 연금 형태로 나누는 전략도 주민 수용성 확대 차원에서 발군이다. 햇빛 연금 같은 상품은 성공 가능성이 기대된다.

셋째, 가장 주목할 만한 사안으로 RE100 산단 조성이다. 재생에너지가 풍부한 호남 지역 위주로 데이터센터 유치를 유도하겠다는 계획이다. 생산지에서 소비한다고 '지산지소(地產地消)'라고 썼다. 전력 자급률 불균형 개선은 당위는 있지만, 실행이 안 되던 의제였다. 용인 반도체 클러스터가 반대로 간 대표적 결정이었다. 새 정부는 파격적인 유인책을 제공하면서 추진할 요량으로 보인다.

넷째, 탄소중립과 탄소중립을 위한 경제구조 개혁이다. 2030 NDC 이행과 2035 NDC 업데이트는 당연하다. 산업부문 탄소중립 관련 내용이 눈에 띈다. 이재명 정부는 전 정부에서 느슨하게 풀어줬던 철강, 화학 등 산업부문의 감축 목표를 2035 NDC보다 높일 걸로 예상된다. 규제강화와 함께 지원 대책도 들어있다. 기후 신산업 육성을 위한 '탄소중립산업법' 제정, 전환금융 육성, 탈탄소 R&D 지원책 등이다.

기업과 투자자, 기후 리스크 시대의 생존전략

정부의 국정운영 계획은 기업에 분명한 메시지를 준다. 탈탄소 전환 능력에 따라 기업의 본질적인 경쟁력 차이가 드러나게 될 것이니 이젠 진짜 대비하라는 의미다. 못한 기업은 규제 부담이 커질 테고, 잘한 기업은 혜택을 누리는 기회가 커질 전

표 8-3 <국정운영 5개년 계획(안)>에서 '기후위기 대응과 지속가능한 에너지전환 국정목표 추진전략'

전략	주요 내용
경제성장의 대동맥, 에너지 고속도로의 구축	• 에너지 고속도로 신속 구축: 서해안 고압직류 송전망(HVDC) 조기 구축, 호남권 접속제한 단계적 철회 • 기후테크 육성: ESS 산업 활성화, 청정수소 생태계 구축 등 • AI 에너지시스템 구축 • 전력망 거버넌스 혁신: 전력망 확충에 민간 건설역량 활용, AI 데이터센터 지방분산 • 전력시장 혁신: 전기위원회 독립성 강화
재생에너지 중심 에너지 대전환	• 재생에너지 확대: 2030년 78GW를 상향하는 로드맵 수립, 이행 • 제도개선: 보급시장을 계약시장으로 전환, 인허가 절차 간소화 • 지역상생: 햇빛·바람연금 확대, 마을 단위 에너지 자립 • RE100 산단: '지산지소'형 RE100 산단 조성, 파격적 인센티브 등을 포함하는 특별법 제정
지속가능 미래를 위한 탄소중립 실현	• 2030년 온실가스 감축목표 달성 • 2035년 이후 로드맵 수립 • 이행기반 강화: 기후대응기금 수입원 확충 등 • 산업 탄소경쟁력 강화: 기후 신산업 육성을 위한 「탄소중립산업법」 제정, 신속한 탈탄소 전환을 위한 전환금융 가이드라인 제정
탄소중립을 위한 경제구조 개혁	• 주력산업 탄소중립: 산업부문 2035 NDC 달성을 위한 전략·수단 전면 개편. 수소환원제철, 바이오 원료전환 등 대규모 R&D 예비 타당성 조사 전환 • 해외 탄소규제 대응: 탄소국경세 등에 대응하기 위한 기업 지원 및 기반 구축 • 건물의 에너지 효율화: 제로에너지 건축물·그린 리모델링 확대

자료: 국정운영 5개년 계획(2025.8)

망이다. 기업은 환경정책 방향성에 대한 면밀한 분석을 통해 기술 혁신과 사업 포트폴리오 재편을 위한 선제 대응 전략을 마련해야 한다.

한국 기업은 RE100 이행, 탄소배출권 구매 등 탈탄소 전환 비용이 늘어날 가능성이 크다. 윤석열 정부 시절 NDC와 달리, 새로운 NDC에서는 탄소 고배출 산업에 사업구조 전환 및 저탄소 기술 도입 요구도 커질 전망이다. 철강, 화학 같은 탄소 고배출 산업은 업황 불황 속에서 탄소 저감까지 추진해야 한다. 내로라하는 화학 회사들 대상으로 구조조정 구상이 들려온다. 한정된 정부 재정으로 고배출 산업을 지원해야 하는데, 기후변화 대응 지원까지 여력이 부족하다. 결국 '전환금융' 역할이 중요하다. 기업은 전환금융에 접근성을 키워야 한다. ESG의 E 평가가 기업이 기후변화 전환위험을 축소하는 노력으로 이어질 수 있도록 평가사도 노력해야 한다. 여신 대출을 맡는 금융기관은 금융배출량 같은 탈탄소 전환에 속도를 내야 한다.

투자자는 정책 변화와 이로 인한 기업들의 행동 변화를 잘 살펴 투자 대상을 선별해야 한다. 전환 비용 증가로 인한 실적 감소가 예상되는 기업을 피하고, 기후기술로 미래 성장을 움켜쥘 진짜 회사를 찾아야 한다. 한국에서는 이제까지 에너지전환에 따르는 비용이 미미했다. 스코프 3 공시, 금융배출량 규제가 시작하고, 탄소배출 비용이 오른다고 상상해보라. 기후기술 분야는 새로운 기회의 영역이지만, 유망 기업을 선별하는 과정은 아직 체계적이지 않다. 따라서 이 분야에 대한 심층적인 분석과 학습이 요구된다. 후보군은 전력 거버넌스 변화 가운데 성장할 기업, 재생에너지 로드맵 확대, RE100 산단 조성과 관련한 제조와 운영까지 재생에너지 공급망, 전환금융이나 탈탄소 전환을 선도하는 금융이나 기술회사들이다. 아직 기후기술의 주연이 될 스타 기업은 탄생하지 않았다. 투자자에게 위기도, 기회도 조용히 태동하고 있다.

E**S**G

ESG의 S 사회 관점에서 주요 이슈는 AI 확대로 인한 사회적 문제, 산업재해, 노동시간 단축 문제 등이다. 글로벌 공통의 이슈인 AI에 ESG 시각을 투영하면 '기업은 육성 전략 일변도의 시각에서 벗어나 책임 있는 AI와 정의로운 전환*을 경영 전략으로 내재화해야 하며, 투자자는 AI로 인한 사회적 이슈를 리스크 지표이자 성장 기회로 인식할 필요가 있다' 정도다.

'죽음의 자리로 가는 노동': 산업현장의 냉혹한 현실

2019년 11월 21일 경향신문은 2016년부터 그해 9월 말까지 산

• AI로 인한 단순 업무 자동화로 고용 감소, 재교육 필요성, 알고리즘 기반 관리로 인권·노동권 침해 우려가 커지고 있다. 이에 따라 일자리 전환·재교육 지원 대책이 중요해지고 있다

업재해로 생명을 잃은 1,200명의 이름으로 1면을 채웠다. 안전모 이미지와 고인들의 이름 옆에 써진 제목 '오늘도 3명이 퇴근하지 못했다'까지 충격적인 구성과 내용이었다. 그리고 소설가 김훈의 특별기고 '죽음의 자리로 또 밥벌이를 간다(부제: 매일 김용균이 있었다)'가 2면에 실렸다. 사회적 반향이 컸다. 이후 중대재해 처벌 등에 관한 법률(이하 중처법)이 2021년 1월에 제정되었다(2022년 1월부터 시행).

그로부터 6년, 중처법 시행 후 3년이 지났다. 고용노동부 재해조사 대상 사망사고 발행 현황은 2021년 665건 683명에서 2024년 553건 589명이다. 약간 줄었지만, 하루에 1.6명꼴로 사망한다. 다른 나라와 비교하면 한국의 숫자는 끔찍한 수준이다. 건설근로자 사고 사망 만인율(만 명당 비율)은 한국이 1.59로 캐나다 1.08, 프랑스 0.97, 미국 0.96, 일본 0.68, 호주 0.34, 독일 0.29, 영국 0.24와 비교했을 때 압도적이다. 건설 산재 공화국이라고 불려도 억울하지 않을 지경이다.

이재명 정부 출범 직후에도 노동 현장의 인명사고가 잇따랐다. 선거 공약에 '일하다 다치거나 죽지 않게' 노동 안전 보건 체계 구축을 약속한 이재명 대통령은 참지 않았다. '목숨보다 돈을 귀하게 여기는 풍토'를 비판했다. 문제 심각성을 깨닫는 계기가 된 듯 움직였다. SPC 삼립의 시화 공장 사고 이후 회사는 야간 근로와 노동시간 단축을 결정했다. 2025년 한 해에만 N번째 산재라는 오명이 붙은 포스코이앤씨는 대표이사가 사퇴했다. 주위로부터 SPC 삼립에 대한 젊은 층 고객의 이탈이 심상치 않다는 이야기가 들려온다. ESG의 S 위험의 전형이 나타나고 있다.

중대재해 제로를 향해, ESG까지 총동원하다

한국은 왜 이렇게 산재 사고가 자주 일어나는 걸까. 건설업종에선 저가 수주 관행, 공사 기간 단축 압박이 지적된다. 거기에 배금주의, 안전 경시 풍조가 깔려 있다. 노동자 권리, 특히 외국인 노동자로 대체되며 인권도 문제가 되고 있다. 유럽은 공급망을 포함한 노동자들의 인권 중시를 CSDDD*와 같은 제도 시행으로 강화하고 있다. 혹자는 노동 현장의 고령화를 지적하며 일본의 대응을 참조하라 한다. 그렇지만 중대산업재해가 반복되는 근본 원인은 정성을 다하지 않는 것, 바로 사람 생각의 문제다.

2022년 1월 중처법이 시행됐지만 윤석열 정부는 형식적 관심 두기에 그쳤다. 2022년 11월, 윤석열 정부의 고용노동부는 「중대재해 감축 로드맵」을 발표하며 2026년까지 사고 사

- EU 지속가능성 실사 지침(Corporate Sustainability Due Diligence Directive, CSDDD). CSDDD는 EU의 입법 이니셔티브로 기업이 운영 및 공급망 내에서 부정적인 인권 및 환경 영향을 식별, 예방 및 완화하기 위해 실사를 수행하도록 요구한다. CSDDD는 인권을 강조한다. 종업원 인권 보호 보장, 공정한 임금과 양질의 일자리 장려, 이해관계자와의 소통, 시정 조치 이행, 투명성과 책임 등이 주요 모니터링 대상이다. 기업은 실사 대비 시스템을 갖추는 비용과 공급망 재편 과정에서 배제될 리스크까지 생각해야 한다. 2027년부터 실행되고 모니터링 주기는 5년이다.

망 만인율을 0.35에서 OECD 평균 수준 0.29로 감축하겠다는 목표를 발표했었다. 하지만 목표 이행을 위한 안건이 국무회의에서 다뤄진 적은 단 한 차례도 없다.

    이재명 정부는 국정과제에 전 정부에서 개선되지 않은 산재사고 사망 만인율 목표를 조정했다. 2024년 0.39에서 2030년 0.29다. 그리고 정부는 「중대재해 근절 종합대책」을 발표했다. 중대재해 발생기업에 경제적 불이익 강화, 법률과 사법적 제재 집행 변화 등이 포함되었다. '위험의 외주화' 방지를 위해 원청책임도 강화되었다. 흥미로운 지점은 ESG를 도구로 활용하는 정책이다. 산업재해를 ESG 평가에 지금보다 강화해서 반영하고, 금융권이 기업에 대출 실행, 채권발행, 투자할 때 ESG 평가 반영을 강화하도록 했다. 정부 종합대책은 말 그대로 종합대책이다. ESG 측면을 보면 ESG에서 S 사회 평가의 고도화가 더욱 중요해졌다. 이재명 정부의 과제는 기업만이 아니라 모든 국민이 산업안전을 단기적인 비용이나 규제의 대상이 아니라 기업의 장기적 경쟁력과 사회 인프라에 대한 '투자'라는 인식의 전환이다. 죽음의 자리로 밥벌이하러 가는 비극을 끝내야 한다.

반도체 초강국의 딜레마: 주 52시간 노동시간 논쟁

2024년 말 당시 여당인 국민의힘이 발의한 반도체특별법에는 '일정 소득 이상의 반도체 연구개발 노동자에게 주 52시간 적용을 제외'하는 근로기준법 개정 조항이 포함됐다. 3월에 법안이 최종 통과될 땐 이 조항이 빠졌다. 다수당인 민주당의 반대 때문이었다. 여기까지는 '그러면 그렇지'로 끝나는 스토리지만 자세히 보면 조금 달랐다. 법률안 심사 단계에서 이재명 당시 민주당 대표가 직접 나서서 주 52시간 근무제를 토론에 부쳤다. 아무리 대선을 염두에 둔 우클릭 행보라고 생각하더라도, 당 대표가 주 52시간 예외조항 적용 여부를 토론 대상으로 삼았다는 것 자체는 흔히 볼 수 있는 광경은 아니다.

주 52시간제에 대해 찬반이 첨예하다. 폐지나 예외조항 적용을 주장하는 사람들은 더 일해서 더 성공하고 싶은 사람의 기회까지 뺏는 나쁜 제도라고 비판한다. 이론적으로 주 52시간제 도입으로 인한 일과 삶의 균형이 출산율 회복처럼 사회 전체에 긍정적 효과로 나타나야 하는데 그런 증거가 없다는 점을 지적한다. 기업 측과 적지 않은 학자들은 R&D 업무의 특성인 연구 연속성 확보를 위해서라도 예외조항 도입에 찬성한다. 퇴근을 미루고 한두 시간 더하면 답을 찾을 일을 다음날 오전으로 미루는 경우가 반복되면 시간이 지나 생산성이 크게 하락한다는 생각이다.

반론은 날카롭다. 무엇보다 한국 노동자의 노동시간이 글로벌 평균 대비 이미 많다는 점이다. 더군다나 HBM 경쟁에서 삼성전자가 완패한 이유가 주 52시간제 탓이 아니라며, 논의 자체를 난센스로 돌린다. 일각에서는 중국처럼 R&D 전문 인력의 투입을 24시간 체제로 가져가고 싶다면, R&D 인력을 늘려 교대 투입하면 될 일 아니냐고 주장한다.

노동시간 단축, 유연함과 지속가능성의 균형 찾기

임기를 못 채운 윤석열 대통령은 2021년 대선후보 시절, 주 52시간제를 바로 폐기할 듯한 기세였다. 막상 집권하자 입을 다물었다. 오히려 인구 감소 대책으로 기업에 가족친화경영을 강조˚하는 정도로 노동시간 문제에서 단축에 가까운 모습을 보이기도 했다.

2025년 봄 민주당 대선 공약집에는 노동시간 주 4.5일제 추진이 포함됐다. OECD 평균 이하 노동시간 실현을 위한 '실노동시간 단축 로드맵'을 제시하고, 주 4.5일제 시범사업 실시를 지원하겠다고 설명했다. 취임 후 이재명 대통령은 한발 물러섰다. "강제로 법을 통해 일정 시점의 시행이라고 오해하시는 분들이 계신다. 그렇게 하는 건 갈등 대립이 심해져 불가능하다. 사회적 대화를 통해 점진적으로 해나가야 할 것"이라고 말했다.

주 52시간 논의는 논의 자체가 일과 삶, 성장과 분배의 균형 같은 한국의 사회적 문제와 연결된다. 노동시간 단축은 잠재성장률이 추락한 한국 사회의 양극화된 세대와 계층을 상대로 이재명 정부가 설득해야 할 난제다. 그것과 함께 주 52시간제 이면에 흐르는 훨씬 근본적인 사회 문제를 해결해야 한다.

- 정부는 한국 지속가능성 정보공개 기준에 정부 관계 부처 및 위원회 등의 정책 목적을 충족시키기 위한 사안에 대해 자율공시를 추가했다. 가족친화경영, 안전경영, 종업원 다양성, 인권경영 등의 정책이 그 대상으로, 가령 저출산대책으로 기업의 육아휴직제 운영 현황을 공시하는 것이다.

저출산과 초고령화, '의대 올인'의 사회 인식, 사교육 공화국, 부동산 문제, 인재의 이탈 등이다.

기업이 생존하려면 실적이 성장해야 한다. 너무 당연한 말이다. 기업의 실적이 성장해야 가족친화경영도 강화될 여지가 있다. 기업 성장을 키우면서 '동시에' 사회적 가치를 외면하지 않는 방식이 바로 ESG다. '닭이 먼저냐, 달걀이 먼저냐?'의 문제 같지만 기업 경쟁력이 개선돼야 한국 사회의 근본 문제도 해결 실마리를 찾을 수 있다. 실적이 정체된 기업이라면 울며 겨자 먹기로 근무시간을 단축하고 고용을 늘린다 해도 급여와 복지를 줄일 공산이 크다. 일자리와 급여가 같이 늘어야 아이 울음소리도 더 들을 수 있다. 이재명 정부의 국정 과제에는 연간 실노동시간을 OECD 평균 수준으로 단축하겠다는 내용이 들어갔다. 주 4.5일제를 추진하기 위한 로드맵도 마련될 것으로 보인다. 절충안을 기대한다. 평균 노동시간을 줄이는 노력을 시작하되, 일을 더 하고 싶은 자는 할 수 있도록 선택권 확대가 병행되길 바란다.

ESG

변곡점의 한국 기업지배구조, 신뢰 회복의 첫걸음

2025년 한국 기업의 거버넌스는 중대한 변곡점을 지나고 있다. 이재명 정부 5년이 출발하는 시점에 이사의 충실의무를 회사에서 주주로 확대하는 상법이 개정됐다. 2024년부터 증시에선 주주가치 존중이 골자인 기업가치 제고 프로그램, 밸류업이 진행 중이다. 코스피 5,000포인트 달성과 코리아 프리미엄 시대가 목표로 제시됐다. 여전히 주주가치와 동떨어진 의사결정들이 툭툭 튀어나오지만, 대한민국은 이 변곡점을 잘 지나가야 한다.

기업 거버넌스가 후진적이던 2000년대에 증권사 리서치센터는 그룹별 지배구조 전략 수립에 골몰했다. 어떻게 순환출자를 해소할지, 2세 승계를 어떻게 할지 시나리오를 짰다. 속칭 일감 몰아주기로 '혜택'을 볼 회사는 어디일지, 수혜주가 누구일지 찾는 일도 마다하지 않았다. 기업 대상 IB 영업부서, 투자자 대상 기관 영업부서에서 수요가 많았다. 이런 풍경이 2010년대 중반까지 이어졌다. 이제는 많이 달라졌다. 애널리스트가 기업 보고서에 거버넌스 개선 관점에서 쓴소리도 담는다. 격세지감이다.

여의도의 기업 거버넌스 접근법에 근본적 변화를 불러온 사건은 2015년 삼성물산과 제일모직의 합병이다. 합병비율이 대통령과 재벌총수를 단죄하는 법의 판단에 올랐기 때문이다. 이 사건으로 불명예를 입은 국민연금은 2018년 스튜어드십 코드를 도입하고 수탁자 책임 활동을 한층 강화했다.

2019년에는 기업지배구조 보고서 작성 의무화가 도입됐다. 지배구조 핵심원칙 준수 여부를 공시하는 내용이다. '기업이 해야 할 것과 하기로 한 것을 약속하고, 지키지 못하면 설명한다'라는 'Comply or Explain' 원칙이 강조된 것이다. 기업

지배구조보고서 발간 의무화는 자산 2조 원 이상 기업을 대상으로 시작했다. 이후 자산 1조 원 이상(2022년), 5천억 원 이상(2024년)으로 확대되었고, 2026년부터는 코스피 소속 기업 전체가 의무화 대상이다. 연도별 보고서 개수는 2018년 101개에서 2024년 530개로 꾸준히 증가했다(KRX ESG포털 공시기준). 적어도 형식적인 측면에서 기업 거버넌스 개혁은 잘 이루어져왔다고 볼 수 있다. 특히 거버넌스 내용을 포함, ESG 경영 현황을 담는 지속가능경영보고서는 의무 보고서가 아님에도 긍정적 현상을 보인다. 지속가능경영보고서를 작성하는 회사들도 2018년 14개에서 2024년 204개로 증가했다(KRX ESG 포털 공시기준). 이를 혹자는 ESG 마케팅의 결과로 보기도 하지만, ESG 경영 관행의 확산으로 보는 게 옳을 것이다.

분노한 주주들, 기업 거버넌스 혁신을 요구하다

기업 거버넌스 개선을 위한 일련의 조치들에도 지배주주와 일반주주의 이해관계가 충돌하는 일이 줄지 않았다. 2020년대 초반, 일반 주주가 손해 봤다며 집단으로 반발하는 사건들이 자주 발생했다. 자본시장은 매일매일 역동적으로 변하고, 법률의 제재를 피하는 신종 수법이 꾸준히 나오기 때문이다. 초심을 잃은 느슨해진 제도 탓도 있다. 선진적인 지배구조 체제라고 도입을 장려했던 지주회사 제도가 대표적이다. 자회사, 손자회사 지분 보유 요건이 느슨해지면서 지주회사 전환은 재벌 2세 승계와 지배권 강화에 유리한 도구로 활용됐다.

일반주주들이 분노하는 일은 주로 회사의 사업 부문을 분할하여 독립법인을 만들 '분할' 과정에서 많이 일어났다. 한국 기업지배구조에서 가장 대중에게 많이 알려진 주주가치 훼손 이슈는 LG화학의 물적분할 사건일 것이다. 물적분할은 기존회사가 분할 신설회사 지분 100%를 보유하는 방식이다. 당시 주가가 순항하던 LG화학의 투자 포인트는 이차전지 부문의 성장성이었다. LG화학은 이차전지부문을 신설법인 LG에너지솔루션으로 물적분할하고 재상장하려 했다. 졸지에 이차전지부문을 LG화학에 빼앗겼다는 느낌에 LG화학 일반주주들은 주식을 투매했고 주가가 급락했다. 한국 증시 투자자와 많은 일반인도 소위 지배구조로 인한 코리아 디스카운트를 인지하게 되는 계기였다.

인적분할도 문제였다. 인적분할은 기존회사의 지분비율만큼 기존 주주들이 신설회사 지분을 보유하는 방식이다. 자사주 마법*을 활용한 인적분할이 대주주 지배력 강화에 활용된다는 지적이 계속되었다. 오랫동안 한국에선 인적분할, 분할 후 지주회사 전환을 위한 지분 요건을 맞추기 위한 보유지분 교체(swap) 과정에서 지배주주에게 유리한 방식으로의 전

- 인적분할 및 합병 과정에서 (i) 기존회사의 자사주에 신설회사의 신주를 배정하거나(인적분할) (ii) 존속회사가 보유한 소멸회사의 주식 또는 소멸회사가 보유한 자사주에 대하여 합병신주를 배정(합병)하는 것이 관행적으로 이루어짐에 따라 지배주주의 추가 출연 없이 지배력이 강화된다는 점에서, 자사주가 대주주의 지배력 확대에 활용된다는 비판이 존재했다.

개가 당연한 듯 받아들여졌다.

인적분할, 자사주 처리, 물적 분할, 그리고 중복상장까지 주주가치 훼손 논란이 끊이지 않자, 법률 개정을 요구하는 목소리가 커졌다. 문제점에 초점을 맞춘 소위 핀셋형 자본시장법 개정이 추진되었다. 2024년 말 결실을 본 자사주 관련 법 개정도 그 일환이다. 인적분할 또는 합병 시 자사주에 대한 신주배정 금지(자사주 마법 원천 봉쇄)와 발행주식총수 5% 이상 자사주 보유 시 관련 계획 공시가 주요 내용이다. 하지만 이 정도로는 거버넌스 개선에 역부족이란 비판이 이어졌다. 원론적 변화가 필요하다는 주장이 설득력을 얻었고, 이사의 회사에 대한 충실 의무를 주주로 확대하는 내용의 상법 개정이 추진됐다. 기업은 소송 남발, 경영 위축 등의 이유로 반발했지만, 대세는 꺾을 수 없었다. 2025년 3월, 상법 개정안이 국회를 통과했다. 윤석열 대통령 권한대행의 거부권 행사로 국회로 돌아왔지만, 이재명 정부가 출범하면서 다시 발의했다. 2025년 6월, 역사적인 상법 개정이 이루어졌다.

실용주의 이재명 정부와 거버넌스 개혁, 코스피 5,000은 서로 연결된다. 지난 대선의 민주당 공약에는 '진짜 성장' 5대 전략의 하나로 공정과 상생의 시장 질서 구축에 거버넌스 개선이 다수 포함됐다. 기업지배구조 개선을 통한 일반 주주 권익 보호와 자본 손익거래를 악용한 지배주주의 사익편취 행위 근절이 주요 내용이다. 이재명 정부가 출범하자마자 다수 여당이 된 민주당은 이사의 충실의무와 집중투표제 의무화 법률 개정을 단행했다. 다음 차례는 의무 공개매수제, 자사주 소각 의무화 등 소위 3차 상법 개정이다. 지배구조 개선의 법적 기틀을 정권 초반에 마련하겠다는 뜻이 강하다. 또 하나의 국정과제인 코스피 5,000포인트를 위해 필요한 조치라는 논리로 기업과 야당의 반발을 누르는 형국이다.

주식시장은 이래저래 정말 중요해졌다. 진보적 가치인 지배구조 개선을 진보 진영에서 접근하기 꺼려왔던 주가와 엮은 흥미로운 시도다. 이제까지 없었던, 가히 실용주의라고 칭할 수 있는 대목이다. 과거 진보 정부는 증시는 우선순위 밖이었고(시장을 몰랐고), 보수 정부는 거버넌스 개선을 모른 척했다. 한국 기업 지배구조 개선은 외환위기 시절부터 역사가 길다. 하지만 국민이 체감할 수 있는 거버넌스 개선 시도는 이재명 정부가 처음이 될 것 같다. 거버넌스가 개선돼 내 주식계좌가 커지는 것만큼 강력한 체감 효과가 있을까. 이사의 충실의무 주주 확대로 경영이 위축될 것이라던 기업의 우려는 우습게 됐다. 외려 주가가 상승하고, 코스피는 계속 오르고 있다. 진짜 이러다 5,000포인트에 도달하면 상법 개정을 반대했던 기업과 학자들은 어떤 말을 할지 궁금하다.

거버넌스 개혁, 한국 증시 재평가의 시작

지속가능한 밸류업의 관건은 기업 거버넌스 개선, ESG 강화, 특히 국가와 기업의 기후변화 대응 강화, 그리고 주가의 본질인 기업의 실적(기업이익)이다. 지금 한국의 기업 거버넌스는

표 8-4 2020~2024년에 집중된 주주가치 훼손 논란 사건들

일시	기업	분류	비고
2020.10	LG화학-LG에너지솔루션	물적분할	・LG화학의 주요 가치를 성장 사업인 이차전지로 인식하고 있는 상황에서 배터리 사업회사 LG에너지솔루션을 설립해 물적분할 이후 재상장. LG화학 주가 급락
2021.9	SK이노베이션-SK온	물적분할	・LG화학-LG에너지솔루션 사례와 동일한 맥락
2022.1	POSCO-POSCO홀딩스	물적분할	・POSCO홀딩스 주주 반발을 무마하기 위해 철강회사 POSCO 비상장 유지 결정
-	카카오	중복상장	・금융계열사인 카카오뱅크와 카카오페이의 상장 상장 자회사 카카오게임즈의 핵심 자회사 라이온하트 스튜디오 상장 추진
2023.2	현대백화점	인적분할	・인적분할을 통한 지주사 전환 추진. 자사주의 마법을 활용하는 데 브레이크가 걸림 국민연금과 소액주주들의 반대로 무산
2023.3	OCI	인적분할	・자사주 마법을 활용한 인적분할 결정 자사주 비중이 1%대로 미미했음에도 대주주 지배력 강화를 위한 선택이란 평가로 주가 급락
2024.12	두산에너빌리티-두산밥캣-두산로보틱스	인적분할 및 합병	・두산에너빌리티에서 두산밥캣을 인적분할하고, 두산밥캣과 두산로보틱스 합병을 추진 ・고평가된 두산로보틱스와 합병비율에 두산밥캣(에너빌리티) 주주 반대로 임시주총 철회

2024.10	고려아연	유상 증자	• MBK와 경영권 분쟁에서 유리한 위치를 점하고자 고려아연 최윤범 회장 측에서 시도. 공식 이유는 투자와 차입금 변제 • 주가가 30% 하락, 논란 커지고 금융감독원 조사 나서자, 유상증자 철회

주: 일시는 해당 안건 주총 월. 고려아연은 유상증자 결정 공시일

    중요한 변곡점에 서 있다. 물론 한국 증시의 근본적인 걱정은 기업이익이다. 초고령화, 인재 이탈 등으로 잠재성장률 하락, 성장동력 약화가 기업이익에 반영될 수밖에 없다.

    그렇다고 한국 증시에 희망이 없지는 않다. 좋은 거버넌스는 주주환원은 물론 기업 실적에도 영향을 미치는데, 거버넌스 개선 가능성이 커졌기 때문이다. 거버넌스 개선으로 어느 정도의 재평가(re-rating)는 가능하리라 본다. 물론 거버넌스 개선 하나만으로 코스피 5,000포인트 도달을 장담할 수는 없다. 그래도 이재명 정부 정책에 대한 기대감을 바탕으로 빠르게 치고 올라간 3,000포인트 후반 지수대를 지지하며 호시탐탐 추가 상승을 노릴 수 있는 원동력 하나쯤은 확보된 것으로 볼 수 있지 않을까?

    거버넌스 개선을 낙관하는 이유는 세 가지다.

    첫째, 법률 개정이다. 이사 충실의무의 상법 개정이 이루어졌고, 집중투표제 강화, 자사주 의무 소각 같은 후속 보완 입법이 대기 중이다.

표 8-5 대한민국 '진짜성장' 5대 전략 중 공정과 상생의 시장 질서 구축 중 일부 내용

전략	세부 내용
기업지배구조 개선을 통해 일반주주의 권익 보호	• 주주에 대한 이사의 충실의무 명문화 • 독립이사 일정 비율 선임 의무화 • 대규모 상장사 감사위원 분리 선출 단계적 확대 • 집중투표제 활성화 • 권고적 주주제안 도입 유도
자본 손익거래를 악용한 지배주주의 사익편취 행위 근절	• 인수 합병가액 결정 시 공정가액 적용 • 물적분할 후 일반주주에 신주 물량 일정 배정 • 의무 공개매수제 도입 • 합병검사인 도입 • 상장회사 자사주 원칙적 소각 제도화 • 부당 내부거래 감시 및 제재 강화

자료: 민주당 대선 공약집

둘째, 기업가치 제고 계획의 영향력 확대다. 2024년 첫해 시행착오를 거쳐 진화하고 있다. 밸류업에 관한 기업들의 이해와 실행도 개선되는 모습이 보인다. 25년 5월에 열린 밸류업 1주년 행사도 희망을 읽을 수 있는 자리였다. 기업가치 제고 계획을 잘 준비한 기업의 사례는 기대 이상의 평가를 받았다. 자본 배치 관점에서 계획을 작성하고, 시장과 소통을 늘리고, 거버넌스 개선을 도모할 기업 숫자가 늘어나는 건 시간문제다. 2025년 6월까지 밸류업 공시를 마친 회사는 156개. 한국 상장회사 숫자는 2,641개(2025년 3월 말)이니 앞으로 더 좋아질 수 있다는 희망으로 읽어도 좋을 듯하다.

셋째, 기관투자자의 스튜어드십 이행 강화다. 실제 ESG

업계에서 체감할 수 있다. 일반 자산운용사, 행동주의 표방, 연기금 등을 가리지 않고 투자 기업에 대한 주주 관여가 늘었다. 국내 기관투자자의 스튜어드십이 본격적인 이행기에 접어들었다. 시장의 바람이 바뀌고 있다.

주목할 변화는 자사주 매입·소각 규모다. 2022년부터 자사주 매입, 소각 규모가 6.5:3.1조 원 → 8.2:4.8조 원 → 18.8·13.9조 원으로 급증세였다. 2025년은 6월까지 매입 9.5조 원, 소각이 15.5조 원이다. 2025년 상반기 자사주 소각 규모가 이미 2024년 전체 수치를 넘었다. 주주환원의 유력한 수단인 자사주 매입, 소각의 급증은 기업들이 밸류업 프로그램에서 했던 시장과의 약속 이행, 투자자들의 스튜어드십 이행 강화의 영향이다.

진짜 큰 흐름의 기업 거버넌스 개선이 이루어지면 주주환원은 훨씬 많아질 것으로 보인다. 이미 주주환원 계획을 수립·공개(사업보고서, IR 자료)했거나, 투자자와 소통 채널이 많은 시가총액 상위 기업이 아닌 중견 기업 이하에서 많이 늘어날 전망이다.

9장 코리아 프리미엄을 향해, 다음 사이클의 투자문법

글로벌 자본이 주목한 한국 ESG 공시의 가능성

코리아 프리미엄을 표방하는 이재명 정부가 새겨야 할 일화가 있다. 2024년 9월 말 한국회계기준원은 '한국 지속가능성 공시기준(KSSB) 공개 초안 의견조회 최종 결과'를 공개했다. 이제까지 입장을 알기 어려웠던 글로벌 투자자들 의견이 눈에 먼저 들어왔다. 총 11개사였다. 노르웨이 국부펀드(NBIM), 네덜란드 연기금(APG)같이 기후변화 대응이 미진한 한국 기업들에 네거티브 스크리닝(투자배제)을 시행해서 알려진 운용사도 있고, 높은 수익률로 유명한 캐나다 연기금(CPPIB)을 비롯한 주요 연기금, 리갈 앤 제너럴 자산운용(LGIM)과 티 로우 프라이스 같은 대형 자산운용사들도 참여했다. 이 운용사들이 자발적으로 참여했다는 게 놀라웠다. 자산운용사들과 더불어, 금융투자업계의 책임투자와 기후변화 대응을 촉구하는

UNEP, PRI, 아시아 기후변화 투자자그룹(AIGCC)과 같은 파트너십 성격의 6개 기관도 목소리를 보탰다. 특히 AIGCC는 의견 제출에 그치지 않았다. 8개 자산운용사와 함께 금융위원장에게 조속한 ESG 공시 의무화와 로드맵 확정을 촉구하는 공개서한을 보냈다. 이들 운용사의 운용자산 규모 합계는 당시 기준 약 4,700조 원이었다. 이들은 공개서한에서 글로벌 지속가능성 정보공개 기준(ISSB)을 최대한 수용하고, '가급적 의무화 시기를 2026년으로 당기고, 도입 일정 로드맵도 빨리 확정하라'라고 밝혔다. 2025년 가을이 왔지만 그들의 바람과 달리 한국은 아직 로드맵을 확정하지 못하고 있다.

글로벌 연기금과 대형 운용사들의 포트폴리오에서 한국 기업의 비중은 크지 않은 편인데, 왜 이렇게 적극적으로 의견을 피력하는 걸까. 우선 운용사 본연의 스튜어드십을 충실히 이행하는 과정으로 볼 수 있다. AIGCC는 공개서한에 '고객의 최선 이익을 위해 행동하고 수탁자책임을 다하기 위해 지속가능성 관련 중요한 정보를 요구하는 게 의무'라고 적었다. 스튜어드십 이행의 맥락인 것이다. 지속가능 투자를 유독 강조하는 캘리포니아 교사연금(CalSTARS)을 비롯한 유수의 연기금 등이 의견 개진에 참여한 이유로도 생각할 수 있다.

둘째, 현실적으로 높은 운용수익률을 위해서다. 한국 기업의 주가수익률 부진은 운용수익률에 부정적 영향을 줄 수 있다. 주요 운영사의 대략적인 한국 기업 보유 규모는 NBIM이 29조 원, APG가 15조 원, CPPIB가 11조 원이다. KSSB 첫 단추인 기후공시를 소홀히 대처하면 코리아 디스카운트가 심화할 수 있다고 본 것이다.

셋째, 실무에서의 불편함 개선 의지로도 읽을 수 있다. 외국 투자자들은 이미 한국 상장회사의 정보공개 방식에 피로감을 호소해왔다. 한국 기업만 유독 지속가능 정보의 전산화, 표준화가 더디다. 두꺼운 '지속가능경영보고서'를 일일이 찾아 회사에 확인까지 하는 실정이다. 이들이 한국 시장에서만 예외적으로 불편함을 감수할 이유는 없다. 코리아 디스카운트의 원인은 기초적인 것에서부터 발현되고 있다.

ESG 선순환이 열어갈 밸류업 2.0 시대

미국과 유럽 같은 선진국 증시는 기존 주주자본주의적인 토양에 이해관계자자본주의 도입에 관한 논의를 오래 거쳤고, 지금의 ESG 투자에 이르렀다. 이에 비해 한국은 역사가 짧다. 가치투자나 주주자본주의가 튼튼하게 뿌리를 내리지 못한 상황에서, 선진국들과 비슷한 시기에 책임투자와 ESG를 받아들이게 됐다. 선진국 증시에서는 이미 해결된 주주환원 확대, 지배주주와 일반주주의 비례적 이익 보장, 장기투자나 가치투자 같은 투자 문화가 한국에선 정착되지 못했다. 이렇듯 해야 할 일이 많은데 기후변화 대응, 인권 중시, 공급망 관리 같은 ESG의 가치까지 투자에 반영해야 한다는 주장이 나오자 기존 투자업계가 반발에 나선 것이다. 기업도 마찬가지다. 정부 규제, 시장 경쟁 상황으로 ESG 흐름에 동참하지만 돈 쓸

일만 많아졌다는 불평이 여전하다. 그러다 보니 ESG가 조직적으로 잘 돌아가지 못했다. '위장 ESG 관행'도 보인다. 결국 문제의 핵심은 기업과 투자자를 잇는 구심점으로서 정부가 제 역할을 하지 못한 데 있다. 다양한 이해관계와 에너지를 모아 공동체의 결속을 강화하고 나아갈 방향을 제시해야 하지만, 지금까지 한국 정부의 역할은 그 기대에 미치지 못했다.

ESG의 선순환을 그려보자. 기업의 ESG 경영의 기본은 정보공개다. 평가사는 분석해서 데이터를 전달하고 투자자는 평가데이터를 보며 투자한다. 순환은 ESG 경영 → ESG 평가 → ESG 투자에서 끝나지 않아야 한다. ESG 투자는 기업의 경영에 영향을 미쳐 다시 ESG 투자 → ESG 경영으로 이어져야 한다. 투자의 영향은 경영 간섭이 아니라 스튜어드십 이행, 주주 관여 같은 기업가치 제고를 위한 활동이다. 한국에선 ESG 경영이 ESG 투자 단계까지 이어지지 못하는 경우가 종종 있다. 금융시장에서 ESG 투자에 대한 존재감이 미미하기 때문이다(물론 기업이 비상장사나 공공기관이면 투자로 연결고리 자체가 없다). 그 결과 기업과 투자자 사이에 ESG 이슈를 매개로 소통이 활발하지 않다. 이럴 때 기업은 ESG를 기업가치 제고로 바라보지 않고, KPI 같은 내부 평가용으로 국한하려 할 수 있다. 가끔 투자자가 회사에 ESG 주제로 문의하면 기업은 의아해하기도 한다. ESG의 선순환을 위해선 정확한 정보공개, ESG 투자의 위상 강화, 그리고 선순환을 유지할 구심점으로 정부의 역할이 중요하다.

그림 9-1 ESG의 선순환

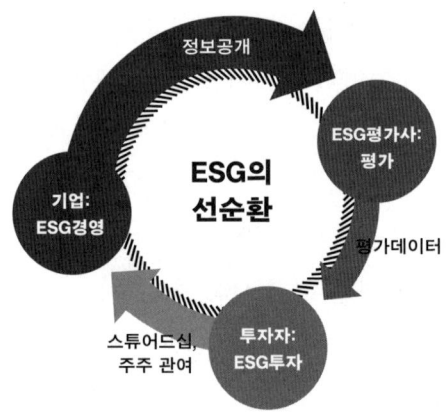

　이재명 정부는 ESG 순환 고리를 연결할 구심점이 될 가능성이 보인다. 정부의 국정운영 계획이 그 나침반이다. AI, 벤처와 같은 위치에 ESG 금융 육성이 들어갔다! 더불어 E, S, G 각 분야에서 구체적인 계획이 나오고 그 실행도 빠르다. 특징은 G 거버넌스와 주식시장의 연결이다. 어둠 속에서 ESG 선순환의 고리가 희미하게나마 깜박거리고 있다. 코스피 5,000포인트는 이재명 대통령의 대선공약이다. 대통령은 집권 초반부터 주식시장의 투자 여건을 개선하려는 의지를 강력하게 보였다. 여당 내에서 예민하게 흘러갔던 주식 양도세 논의를 사실상 대통령이 종결지었다. 국정 계획에서도 코리아 프리미엄을 강조했다. 이재명 정부는 거버넌스 개선을 같이 챙겨 주가도 올리겠다는 복안이다.

　다만 관세전쟁, 외교·안보, 지정학적 위험 등을 차치하고 금융투자 환경만 봤을 때, 주식회사 한국호의 지향점이 주가를 올리는 데만 혈안이 되지 않았으면 한다. 그보다 ESG 금융이 탄탄하게 자리를 잡아야 한다. 지속가능성 투자와 주주자본주의 기반에서 이해관계자자본주의의 장점을 수용하는 방식을 희망한다. 지속가능성을 배제한 주주자본주의만으로는 기업가치 향상에 한계가 있다. '단박 도약'이란 말이 있다. 초기 단계에서 중간단계를 건너뛴 도약을 의미하는 북한 말이다. 한국 증시가 단박에 도약해서 할인(코리아 디스카운트!) 아닌 할증의 세계에 진입하기를 바란다.

밸류업 2.0, 투자자·기업·정부의 공동 설계도

밸류업 2.0은 가격의 상승이 아닌 가치의 상승이다. 투자자, 기업, 정부의 공조 하에서 가능하다. 앞선 논의를 정리해보자.

① 투자자:

연기금과 기관투자자는 책임투자 이행에 최선을 다해야 한다. 첫째, ESG 펀드의 ESG 통합전략은 ESG 평가 결과를 '가미'하는 정도가 아니라 포트폴리오 구축에 실제적인 방식으로 활용해야 한다. 투자업계는 위험조정수익률(샤프비율)을 펀드 평가의 실질 지표로 삼고, 수익률뿐만 아니라 변동성까지 우수하게 관리 운용한 펀드가 펀드시장에서 높은 평가를 받아 소비자 선택을 많이 받도록 해야 한다. 장기투자 문화 정착, 퇴직연금의 건강한 성장에도 꼭 필요한 일이다. 이를 도와야 할 금융투자협회부터 ESG 투자에 관심을 보여야 한다. 둘째, 자산운용사의 스튜어드십 이행이다. 앞서 국민연금의 분발을 촉구했다. 운용사도 다르지 않다. 액티브 펀드가 우선이라고 생각했지만, ETF가 활황인 시대에는 액티브, 패시브 스타일 구별이 없다. 글로벌 흐름이기도 하다. 한국에선 국민연금이 그런 역할을 하지만, 미국은 블랙록이나 뱅가드 같은 패시브 스타일 운용사들이 웬만한 대기업들의 최대 주주가 되면서 대리 의결권 행사가 큰 이슈다. 예를 들어 ESG의 수용성이 유행인 시절엔 기후 관련 의제에 운용사가 대리 의결권 행사를 어떻게 했냐가 언론에 자주 오른다. 스튜어드십 이행에는 액티브와 패시브가 다를 수 없다. 한국 자산운용사의 스튜어드십 이행도 속도를 내야 한다.

② 기업:

첫째는, 단연 거버넌스 개선이다. 새로운 상법에 대응을 고심하는 기업의 법률 수요가 커졌다. 기업들은 주주제안을 무력화하는 방안에 관한 연구는 그만 멈추고, 거버넌스 개선을 위한 좋은 관행을 찾아야 한다. 시작은 실질적으로 독립성과 전문성을 갖춘 이사들로 이사회를 꾸리는 것이다.

둘째, 주주 소통 채널 강화다. 현재 주주와의 소통은 대부분 재무적 이슈에 집중해 있다. 회사의 ESG 이슈, 적어도 G 거버넌스 이슈에 대해 논의가 더 활발해져야 한다. 이를 위해 IR과 밸류업 대응의 일원화도 생각해야 한다. 분기 실적 업데이트 위주의 IR 자료도 '기업 가치 제고 계획 가이드라인'을 응용해 변경하면 좋겠다.

셋째, 밸류업 2.0 이해와 실행이다. 단순히 ROE 몇 %, 주주환원 몇 %, PBR 몇 배 올리기가 목표가 돼선 안 된다. 투자와 유보, 주주환원을 어떻게 결정할지에 대한 원칙, 즉 자본배치 전략 관점에서 계획이 수립돼야 한다. 이 작업은 COE(자기자본비용) 추산에서 시작할 수 있다.

넷째, ESG 정보공개와 관련해서 형식적인 완수가 아닌 실질적인 회사 위험관리와 기회를 연계해야 한다. 지속가능경영보고서를 읽다 보면 이런 회사가 있다. "기후변화 시나리오에 따라 분석한 결과, 물리적 리스크 요소들의 변동 수준은 심화 될 것으로…(중략) 향후 대응전략 수립에 활용할 계획입니다." 맺음이 허무하다. 회사는 ISSB 가이드라인에 따라 기후정보를 공개했다는 자체가 목적이 아니라, 실제 공개하는 정보가 경영 전략에 변화를 줄 수 있을 정도로 실질에 치중해야 한다.

③ 정부;

한국 증시의 지속가능한 밸류업을 위해 정부에 요구하는 주문은 간단하다. 다양한 투자자의 목소리에 귀를 기울여 달라. 일반 투자자의 의견을 반영한 상법 개정이나 세제개편 추진은 다행스럽지만, 여기서 끝이 아니고 조금 더 큰 그림을 그렸으면 한다. 당장은 기후변화 대응이다. 한국 기업의 글로벌 기후변화 대응과 기업 거버넌스는 세계적으로 하위권이다. 금융당국은 기후 문제를 다루면서 국가 시스템을 함께 개혁해야 한다. 외국인 투자자들이 한국의 ESG 공시 도입에 관심을 보이는 이유를 헤아린다면 의무화 로드맵을 서둘러야 하고, 기업 반발을 누그러뜨릴 당근도 제시해야 한다. 고양이 목에 누가 방울을 달지 기다리기만 해서는 안 된다. 당근 차원에서 탈탄소 전환을 지원하는 전환금융 육성도 기후공시 의무화 로드맵과 같은 테이블에서 논의하면 좋겠다.

투자의 첫 원칙, '정부와 맞서지 말라'는 메시지

'뭐 사야 해?'
'위원님 탑픽(top pick; 최선호 종목) 이 뭐예요?'
'센터장님! 하우스 탑픽이 뭘까요?'

여의도 밥을 오래 먹었던 사람으로서 자주 들은 질문이다. 친한 사이에서, 비즈니스 미팅 자리에서, 또 세미나 자리에서 수없이 들었다. 특정 업종을 담당했던 시절에는 답할 거리가 선명했다. 비법은 없었다. 돌이켜봐도 '만고의 진리'인 실적 개선, 밸류에이션(저평가된 주식), 시장이 과소평가하거나 숨어 있는, 혹은 시장이 오인하고 있는 포인트가 추천의 기준이다. 좋다는 매크로(거시경제나 증시 전반 전략) 보고서를 찾아 읽어 섭렵해보려 하고, 시장이 심심해도 부지런히 기업탐방을 다니다 보면 위에서부터건 아래서부터건 희미하게라도 답이 보였다. 이재명 정부 출범 이후 많은 변화가 일어난 지금 같은 질문을 듣는다면? 특정 종목이 아닌 증시 전반, 그리고 투자의 방식 위주로 풀어 본다.

증권가 속설 중에 '정부와 싸우지 마라'라는 말이 있다. 나름의 이유로 특정 산업에 신념을 가지는 건 좋지만, 정부가 제시한 방향성과 반대로 투자하면 좋은 투자 성과를 내기 어렵다는 뜻이다. 정부 정책의 방향을 따르는 게 실패를 줄이는 투자 방법이다.

인수위 없이 출범한 이재명 정부는 국정기획위원회를 2개월가량 가동했고, 8월 중순 〈국정운영 5개년 계획〉을 발표했고, 9월에 확정지었다. 계획에는 국정 목표 5개, 추진 전략 23개, 국정과제 123개가 포함됐다. 주식 투자자가 주목해야 하는 과제를 두 개만 뽑아보자.

먼저, '진짜 성장'을 뒷받침하는 생산적 금융(국정과제 46)이다. 생산적 금융의 내용에는 국민성장펀드 신설, 벤처 중소기업의 원활한 자금조달 환경 조성, ESG 금융 강화가 있다. 정부는 애초 설계한 국민성장펀드 규모를 100조 원에서 '100조 원+알파'로 늘렸다. AI에 최대 30조 원, 반도체 21조 원, 바이오 11조 원 등에 투자한다. 과거 박근혜 정부의 통일펀드나 문재인 정부의 뉴딜펀드 실패를 반복하지 않기 위해 세부 내용을 다듬어 2025년 12월에 출범할 예정이다.

'재생에너지, 기후테크, 전환금융' 육성도 주목할 필요가 있다. 해상풍력 프로젝트 중심의 기후금융 활성화와 탄소감축 분야의 혈을 뚫을 기후기술 기업 발굴은 꼭 필요하고 시급한 일이다. 전력산업의 재생에너지 수용성, 은행의 재생에너지 PF 역량 강화, 탄소시장 육성을 함께 추진한다. 생산적 금융의 정책 내용으로 한국 증시의 구도를 전망한다면 벤처투자와 ESG 금융 육성을 같이 생각하면서 기업 규모를 중소기업, 스타트업까지 폭넓게 두고 재생에너지 공급망에 속한 기업, 탈탄소 전환 기술 유망업체에 장기 투자하는 방안을 고려할 만하다.

두 번째로 코리아 프리미엄을 향한 자본시장 혁신(국정과제 47)이다. 자본시장 혁신의 3대 축은 주주가치 중심 경영 문화, 공정·투명한 시장 질서 확립, 수요 기반 확충 및 자금 선순환 기반 조성이다. 이를 통해 지긋지긋한 '코리아 디스카운트'를 지워가겠다는 정부 의지가 매우 강하다. 주주가치 중심 경영 문화를 조장할 관련 법률안은 이미 제·개정 중이다. 대통령의 증권거래소 방문 등 출범 이후 행보에서 정부 여당은 시장 질서 확립에 강한 의지를 보였다. 극적 효과가 가장 클 것으로 예상되는 과제는 'MSCI 선진국지수 편입'이다. 공매도 금지 해제가 충분 조건은 아니다. 일단 외국인 투자자의 시장 접근성 개선이 중요하고, 제도적 프레임워크도 개선해야 한다. 평가 요소인 투명하고 예측 가능한 규제 체계, 강력한 투자자 보호 법률, 국제 표준에 부합하는 회계·공시 제도, 안정적인 정치 환경도 고루 챙겨야 한다. 이러한 평가 요소를 감안하면, 정부는 주주가치 중심의 경영 문화를 정착시키는 것을 필두로 주가 부양을 목표로 한 '밸류업 시즌 2'를 강하게 추진할 것으로 예상된다.

표 9-1 성장을 북돋는 금융혁신 추진 국정목표 추진전략

전략	세부 내용
진짜 성장을 뒷받침하는 생산적 금융	• 100조원+알파 규모 국민성장펀드 신설: AI 등 미래전략산업과 에너지 인프라 등에 투자하는 민·관합동의 대규모 펀드 조성 • 벤처·중소기업 혁신성장 지원: 딥테크(바이오·반도체등) 맞춤형 보증 신설, 혁신벤처기업 특화 기술특례 상장제도 마련 등 원활한 자금조달 환경 조성 • ESG금융 강화: 재생에너지, 기후기술 등에 대한 투자 확대 및 고탄소 제조기업의 탄소감축 활동에 대한 자금지원 확대
코리아 프리미엄을 향한 자본시장 혁신	• 주주가치 제고: 이사 충실의무 확대 등을 위한 개정 「상법」의 시장안착 및 추가 입법 단계적 추진 • 공정한 시장질서 확립: 불공정거래(시세조종, 미공개정보 이용 등)를 엄단하기 위해 '원스트라이크아웃제'를 도입하고 불법이익은 철저히 박탈 • 주식시장 수요기반 확충: MSCI 선진국지수 편입을 위한 로드맵을 마련하고 MSCI 및 글로벌 투자자 등과 대외소통 강화 • 공모주 우선배정 확대 등 코스닥벤처펀드 활성화

자료: 국정기획 5개년 계획(2025.9)

주식 없는 사람들이 배 아플 증시 환경이 펼쳐지고 있다. 주식을 사거나 조만간 나올 국민성장펀드에라도 가입해 자산배분을 전략적으로 고려하자.

단순하지만 통한다, 시장을 움직이는 네 가지 전략

그래도 궁금하다. 어떤 기업에 투자하면 되냐고? 낚시의 기술은 좋은 '물고기'를 볼 줄 아는 눈이다. 전제는 정부의 주주가치

경영, 기업 가치 제고 요구 강화 흐름을 놓치지 않는 것이다.

첫째, 거버넌스가 좋은 회사다. 좋은 거버넌스가 합리적인 주주환원으로, 궁극에는 밸류업으로 이어진다. 거버넌스가 좋은 회사를 사면 일단 안전하다. 예전에는 '지배주주에게 뒤통수 맞을 일이 적을' 회사를 찾는 게 우선이었다. 이제는 다르다. 상법이 개정됐다. 이사의 충실의무가 확대된 세상에서는 '정말 좋은 거버넌스 관행을 가진 회사'를 찾으면 된다. 거버넌스가 회사의 의사결정 체계와 동격이기에 앞으로 훨씬 중요해질 ESG 이슈들(기후변화, 중대재해, 정보 보호)에 대한 총체적 관리도 거버넌스의 영향권에 들어갈 전망이다.

둘째, 실적이 좋아질 회사, 기업가치 제고에 최선을 다하는 회사다. 평가지표가 낮지 않은 미국의 대표적 기업에 장기투자가 성행하는 이유다. 이들은 실적을 올리기 위한 노력은 물론 기업가치 제고를 위해 악착같이 노력한다. 실적이 좋아질 회사를 찾는 일은 달리 없다. 주식 공부다. 지금은 AI와 반도체 업종이 당연한 관심 대상이다. 덧붙이면 점차 기후변화를 비롯한 비재무적 요소들이 재무에 반영되는 강도가 커지므로 넓은 시야로 회사의 성장을 살펴야 한다. 기업가치 제고에는 주주환원 정책도 포함된다. 자본 배분과 현금흐름 관점에서 합리적인 회사, 주주와 소통 채널을 갖춘 회사를 사야 한다.

셋째, 기업에 대한 전문가의 인식이 긍정적으로 변하는 회사다. 이 역시 상식적이지만, 투자 성과를 낼 수 있는 확실한 방법이다. 증권가에서는 실적을 전망한다. 전문가들의 실적추정치 변화를 추적하는 방법이 있다. 누군가 실적추정치를 올렸는데, 주가가 변화 없다면 투자 기회가 될 수 있다. 실적추정치 변화를 따르는 방식이 단기적인 전략 같지만, 인식의 대상이 실적이 아니라 회사에 관한 무형의 가치라면 장기투자의 방식을 택하면 된다. 예를 들어, 회사의 거버넌스가 주주가치를 배려하는 방식으로 뚜렷하게 변화하는 회사를 고르는 것이다. 남들이 쪼개기 상장할 때, 상장사 숫자를 없애며 신선한 충격을 준 한국의 한 금융회사가 그 예다.* 이런 인식 변화는 중견 기업 이하에서 일어날 가능성이 크다. 거버넌스 개선이 필요한 중소형 주식도 관심 종목 리스트에 올라갈 후보다.

넷째, 경영자의 능력, 인재의 영입, 이탈 같은 인사 이슈를 보면 좋다. AI 전성시대라고 하지만 사람에 대한 평가는 AI에 의존하기 어렵다. 어떤 사람들이 그 회사에 속해 있느냐에 따라 기업의 실적이 달라진다. 글로벌 기업의 주가 변동을 보면 CEO가 기업가치에서 차지하는 비중이 막대함을 알 수 있다. 대대적인 거버넌스 개혁 시대다. 한국 기업도 경영자와 이사회 능력이 지금보다 더 중요해지지 않을까. 그래서 네 번째 기준은 인재다.

- 메리츠금융지주 이야기다. 교과서적인 주주중시 경영으로 시장에서 높은 평가를 받았다. 보험사, 증권사 상장을 폐지하고 지주사만 상장시키기, 자사주 소각 중심 주주환원 선언, 일드(yield)와 COE를 내세운 원칙에 입각한 자본배치 등이 대표적이다.

에필로그

우리는 왜, 무엇을, 어떻게 바꾸는가?

야구에 스프레이 히터(Sprayed hitter)라는 표현이 있다. 보통 타자는 잡아당겨 치지만, 이들은 밀어치기와 당겨치기를 모두 잘해 투구에 맞춰 고르게 타구를 퍼뜨린다. 나는 한국이 이들처럼 기후변화 대응과 금융 대전환이라는 까다로운 공을 상황에 맞게 치며 대응했으면 한다. 야구팀이 찬스를 맞았을 때 놀라운 집중력으로 점수를 내면 "응집력이 좋다"고 말한다. 지금 한국도 비슷하다. 기후·에너지 전환, 증시 지배구조 개선을 외쳤던 많은 이들의 노력 끝에 드문 기회가 찾아왔다. 이 황금 같은 찬스에 한국의 밸류업과 지속가능한 성장을 향한 아이디어들이 힘을 받아 실제 성과로 이어지길 바란다.

기후금융의 성공, ESG 투자 활성화와 한국 증시 밸류업을 위한 아이디어를 정리해봤다.

기후금융의 미래를 여는 세 가지 해법

기후변화 대응과 금융투자는 이제 따로 갈 수 없는 시대다. 기후변화 대응에는 금융이 필요하고, 금융투자의 위기와 기회 요인에도 기후변화가 자리 잡고 있다. 주식회사 대한민국호가 기후변화 대응과 에너지 전환이라는 시대적 가치를 소홀히 한다면, 밸류업을 꿈꾸기도 전에 밸류다운에 빠질 수 있다.

목표는 ESG의 선순환이다. 이를 위해선 기후공시, 기후금융, 전환금융을 차례로 세워가야 한다. 특히 시급히 추진해야 할 과제가 세 가지 있다.

첫째, 기후공시 의무화 로드맵을 조속히 확정해야 한다.

기후공시는 한국에서 기후위기 대응과 금융투자의 조화 가능성을 시험하는 첫 단추다. 발표가 늦어질수록 준비해야 하는 기업과 투자자의 부담은 커진다. '기후 민스키 모멘트(Climate Minsky Moment)'라는 개념이 있다. 2008년 글로벌 금융위기를 설명했던 '민스키 모멘트'를 기후변화에 접목한 것으로, 전환위험과 물리적 위험을 소홀히 하다 갑작스럽게 동시에 대응해야 할 때 자산가격이 급변하고, 탄소집약적 기업의 재무상태가 급격히 악화해 금융시스템 전체가 흔들릴 수 있음을 경고하는 내용이다. 영국 중앙은행 총재와 UN 기후특임대사를 지낸 마크 카니(Mark Carney)가 2015년 처음 언급했는데, 카니는 기후변화로 인한 금융리스크를 전 세계에 각인시키며 현재의 기후금융 틀을 세우는 데 결정적 역할을 했다. 이후 글로벌 중앙은행과 금융기관들은 기후위험 스트레스 테스트를 도입해 자산건전성을 관리하고, 국가 정책과 공조를 강화하고 있다.

둘째, 정부와 국회는 해외의 기후금융 사례를 적극적으로 벤치마크 해야 한다.

전문성을 갖추되 다른 영역을 아우를 수 있는 통합적 인재가 필요하다. 기후에너지환경부 신설에 그치지 않고, 기후금융을 전담하는 투자공사 설립까지 추진하길 바란다. 싱가포르는 좋은 본보기다. 지속가능성 정보 공개를 법제화하고, ISSB 기후공시 기준을 자국에 도입하는 로드맵을 마련했다. 또한 국부펀드 GIC는 포트폴리오의 기후리스크 분석, 감축 대응, 임팩트 예측을 체계적으로 진행한다. 정부는 기후테크 초기 단계에 벤처펀드를 조성하고, 거래소에 기후테크 전담 부서를 운영하며, 리서치 기업에 보조금까지 지급한다. 이러한 환경 속에서 블랙록은 싱가포르 테마섹과 함께 비상장 기후테크 펀드를 조성했고, 2024년 첫 라운드에서 목표액 10억 달러를 훌쩍 넘어 14억 달러를 모았다.* 생산적 금융을 지향하는 한국도 자본 이탈을 막고 해외 자본을 유치해야 한다. 그러나 여전히 '탄소 집약적 수출산업 비중이 높다'는 이유로 기후공시를 미루고 있는 것은 아쉽다.

셋째, 전력산업 개편과 AI와 기후위기 대응을 함께 고려하는 새로운 기구가 필요하다.

AI 발달로 전력산업이 급격히 변화하고 있다. 탄소중립과 에너지 전환의 핵심은 전기화이며, 결국 '전기를 얼마나 잘

---

* 싱가포르의 예를 참고한 것인지는 확인할 수 없지만, 2025년 9월말 이재명 대통령은 미국에서 블랙록 래리 핑크 회장을 만나고, AI와 재생에너지 인프라 협력 MOU를 체결했다. 블랙록 주도 인프라펀드의 한국 투자, 동시에 한국의 해당 펀드 참여가 예상된다.

다루느냐'가 관건이다. 발전소를 무작정 늘리는 대신 근본적 해결책을 찾아야 한다는 점은 이미 강조했다. 다만 여기에 AI라는 변수가 더해졌다. AI 수요 증가로 전력 소비가 늘어날 때, 정부는 한정된 자원을 어디에 분배할지 판단해야 한다. 발전소와 송배전망 건설일지, AI 칩과 소프트웨어 개발 지원일지 양자택일의 순간이 온다. 이 결정을 내릴 주체가 필요하다. 전력산업은 구조적 개혁이 불가피하며, 그 의제에는 반드시 AI와 기후변화 대응이 포함되어야 한다.

밸류업의 다음 단계, 지속가능 성장의 세 가지 키워드
한국 증시의 밸류업은 단순히 자본시장 활성화를 넘어, 대한민국 전체의 밸류업이다. 그리고 그 방식은 지속가능해야 한다. 이는 전통적인 운용 방식을 부정하거나 파괴하자는 뜻이 아니다. 다만 기후변화, 사회적 요인, 거버넌스를 투자에 반영하는 ESG 투자가 제대로 역할을 할 수 있도록 환경을 조성하자는 제안이다.

코스피 5,000포인트라는 목표는 상징성이 크다. 여기에 더해져야 할 것은 두 가지다. 한국 증시에 장기투자 문화를 정착시키는 것, 그리고 주식투자가 국민의 노후를 보전하는 수단이 될 수 있다는 신뢰를 주는 것이다.

기업에 "배당을 늘려라, 자사주를 사라"는 요구가 때로는 효과적일 수 있지만, 모든 기업에 통하는 해법은 아니다. 지속가능 밸류업의 핵심은 꾸준한 가치 상승이다. 이를 위해 기업은 합리적으로 자본을 배치해야 하고, 주주가 이를 예측할 수 있어야 한다. 그 출발점은 건전한 거버넌스다. 이런 기업이 많아질수록 한국 증시의 할인 요인은 사라지고, 오히려 프리미엄이 붙을 수 있다.

문제는 늘 "'어떻게' 변화시킬 것인가"다. 기업 변화를 이끌 수단은 규제와 인센티브다. 다행히 새 정부의 세제개편 논의는 주식투자자들이 원하던 방향과 맞닿아 있다. 세제개편이 밸류업의 본질은 아니지만 긍정적 신호다. 여기에 아래와 같은 투자자 관점의 아이디어가 더해지면 효과가 커질 수 있다.

첫째, 국내 주식 장기투자 인센티브

밸류업 지수나 ESG 펀드에 일정 기간(예: 3년 이상) 투자하면 세제 혜택을 주자. 현행 코스닥벤처펀드 구조를 참고하면 된다.

둘째, 퇴직연금 투자 구조 개선

국내 주식펀드를 퇴직연금 상품 내 독립된 카테고리로 두자. 현재 한국인의 퇴직연금은 미국 ETF에 과도하게 편중돼 있다. 한국 기업에 투자해 기업가치가 커지면 국내 고용과 투자가 확대되는 선순환도 가능하다. 퇴직연금이 한국 증시 밸류업에 기여하도록 해야 한다.

셋째, 연기금의 국내주식 책임투자 확대

스튜어드십 코드 이행과 ESG 투자 비중 확대는 선언을 넘어 실천이 필요하다. 일본 GPIF가 아베노믹스 시절 국내주식 비중을 12%에서 25%로 늘리며 ESG 관행을 강화했다. 장기투자 정착, 나아가 코리아 프리미엄 같은 목표를 지향해야 할 한국의 연기금이 생각해볼 대목이다.

ESG의 진화! 행동으로 완성되는 밸류업 2.0

솔직히 고백하면 처음 ESG를 접한 계기는 그리 고결하지 않았다. ESG의 메시지에 감동을 받아서가 아니라, 상업 리서치를 하는 조직에서 고객의 수요가 있었고, 누군가는 보고서를 써야 했으며, 그 역할이 하필 나였던 것일 뿐이다. 당시 대부분은 ESG를 '기후변화 대응' 정도로만 알고 있었고, 관련성이 큰 전력산업 담당자나 리서치센터장이 맡는 게 자연스러운 분위기였다. 덕분에 나는 비교적 일찍 ESG를 공부하고 답을 준비할 시간이 있었다. 지금은 AI가 멋지게 정리해주겠지만, 불과 5년 전만 해도 고객들의 질문은 "ESG가 무엇이며, 산업과 기업에는 어떤 영향을 미치나?"가 대부분이었다. 준비된 답을 하는 건 어렵지 않았지만, "ESG가 정말 필요합니까?"라는 질문 앞에서는 늘 잠시 멈칫하곤 했다. 그럴 때마다 나는 글로벌 흐름, 불가피성, 이상과 현실의 조화를 강조하며 얼버무리는 답을 할 수밖에 없었다.

ESG가 마케팅 수단이라는 비판은 태생부터 따라붙었다. 그러나 2023년, 밸류에이션 대가 다모다란 교수가 〈파이낸셜타임스〉에 실은 신랄한 비판은 적잖은 충격이었다. 그는 이렇게 말했다.

"ESG는 정의가 불분명해 일관된 측정이 불가능하다. 모든 것을 측정하려다 결국 아무것도 측정하지 못한다."
"ESG와 주가 성과 사이의 연관성은 입증되지 않았다."
"잘못된 자본 배분으로 재무성과가 악화한다."
"ESG는 그저 탁월한 마케팅일 뿐 좋은 투자가 아니다."

2024년, ESG 업계 안으로 깊숙이 들어왔다. 밖에서 볼 때보다 그 약점이 훨씬 선명하게 보였다. 하지만 ESG는 진화하고 있다. 다모다란 교수가 지적한 투자 성과 문제는 연구마다 다른 해석이 가능했고, 특히 거버넌스 토양이 약한 한국에서는 ESG가 기업의 자기자본비용을 낮추고 펀드의 위험조정수익률을 높이는 통계 결과도 나오고 있었다. 그린워싱은 기후 공시의 표준화와 각국의 법제화로 점차 줄어들 것이고, ESG라는 이름만으로 통하던 마케팅의 시대도 끝났다. 이제는 실력으로 증명해야 하는 현실이다.

나는 지금 ESG의 필요성을 과거보다 훨씬 크게 느낀다. ESG 관행을 꾸준히 경영과 투자에 접목하면 기업과 투자자 모두가 원하는 기업가치 제고가 가능하고, 이는 자연스럽게 다양한 사회 문제 해결의 실마리로 이어진다. 기업과 금융의 혁신 없이 더 나은 세상을 꿈꾸는 것은 공허하다. ESG는 완벽하지 않지만, ESG보다 더 적합한 총체적 변화의 도구는 찾기 어렵다. 밸류업의 핵심은 자본비용을 의식한 성장 전략이며, 오늘날 성장은 ESG를 고려하지 않고는 불가능하다. 기후위기, 인구 변화, 디지털 전환 같은 거대한 패러다임 변화가 이를 증명한다. ESG의 E는 적극적 기후 대응, S는 개인정보 보호와 사회적 책임, G는 선진적 거버넌스를 겨냥하고 있지 않은가.

지금 우리에게 필요한 것은 더 나은 방향으로의 전환이다. 지속가능한 밸류업은 그 전환을 실행하기 위한 전략이다. 한국 기업은 ESG 요소를 내재화한 비즈니스 모델을 새롭게 세워야 하며, 투자자 역시 미래 세대를 향한 책임 있는 태도를 보여야 한다. 사실 한국에는 잠재성장률 하락, 양극화와 같은 더 근본적이고 심각한 문제가 존재한다. 지속가능한 밸류업은 그 문제 해결을 향한 출발점일 뿐이다.

미래는 치밀한 계획, 시행착오 그리고 끊임없는 도전을 통해 열릴 것이다. 새 정부가 희망의 신호탄을 쏘아 올렸지만, 변화는 일부 리더의 결단만으로 완성되지 않는다. 조직 구성원 한 사람 한 사람이 방향을 이해하고, 실천에 참여할 때 비로소 진정한 밸류업이 가능하다.

가장 중요한 것은 행동이다.

참고문헌

1장 코스피 5000 목표, 구조를 고치자
금융투자협회, 〈2022 주요국 가계 금융자산 비교〉, 2022
신영증권, 〈왜 지금 밸류업인가: 현실과 관점〉, 2024

2장 킬로와트의 정치경제, AI 시대 한국전력 리스크
한국공학한림원, 〈대전환시대 혁신과 도약의 3대 축: 에너지·AI·인재〉, 2025
IEA, 〈Electricity 2025: Analysis and Forecast to 2027〉, 2025
정현우, 〈IEA, 글로벌 전력망 건설 동향 및 시사점〉, 《KEMRI 전력경제 RE-
    VIEW(24년 7월호)》, 한전경영연구원, 2024
바츨라프 스밀 지음, 강주헌 옮김, 《세상은 실제로 어떻게 돌아가는가》, 김영사,
    2023
이원풍, 〈해외사례 분석을 통한 데이터센터의 지방 유인 방안 검토〉, 《KEMRI
    전력경제 REVIEW(24년 8월호)》, 한전경영연구원, 2024
박종배·박경원, 〈산업계 전력수요 대응을 위한 전력공급 최적화 방안〉, 《SGI
    Brief(vol.25)》, 2024
Shinya, N. 외 5인, 〈Japan Power Demand to Rise with Data Centers and
    Chip Plants〉, 《Mizuho Securities》, 2024

3장 한국 기후정책의 맹점: 전력
WMO, 〈WMO Report Documents Spiralling Weather and Climate Impacts〉,
    2025
WEF, 〈Global Risks Report 2025〉, 2025
CDP, 〈RE100 Annual Disclosure Report 2023〉, 2024
장현숙, 〈제조 수출기업의 RE100 대응 실태와 과제〉, 《Trade Focus(24sus
    17호)》, 한국무역협회 국제무역통상연구원, 2024
삼성전자, 〈지속가능경영보고서 2025〉, 2024

SK하이닉스, 〈지속가능경영보고서 2025〉, 2024

한국경제인협회, 〈美 청정경쟁법(CCA, '25년 시행)의 국내 파급효과 및 시사점〉, 2024

Catrina Rorke, Scott Nystrom & Daniel Hoenig 〈America's Carbon Advantage 2025〉, Climate Leadership Council, 2025

환경부, 〈2022년도 온실가스 배출량 7억 2,429만톤, 전년 대비 2.3% 감소〉, 2025

플랜1.5, 〈1.5도로 가는 마지막 비상구: 배출권거래제 제4차 계획기간 개편방안〉, 2024

EMBER, 〈Electricity Data Explorer〉, https://ember-energy.org/data/electricity-data-explorer, 2025

Energy Institute, 〈Statistical Review of World Energy〉, https://www.energy-inst.org/statistical-review, 2025

4장 기후금융과 기후테크의 스타트라인

IMF, 〈Climate Crossroads: Fiscal Policies in a Warming World〉, Fiscal Monitor, 2023

이병윤, 임진, 〈탄소중립을 위한 금융의 역할 강화 방안〉, 탄녹위-금융연 공동 세미나, 2024

CPI, 〈Climate Finance Needs〉, https://www.climatepolicyinitiative.org/climate-finance-needs, 2025

금융위원회, 〈기후위기 대응을 위한 금융지원 확대 방안〉, 2024

이동원 외, 〈탄소중립경제로의 길: 우리나라 기후테크의 현황과 과제〉, 한국은행, 2024

서울대 기후테크센터, 〈국가 기후테크 육성전략〉, 2024

WEF, 〈These Are the Top 10 Countries by Energy Transition Investment〉, https://www.weforum.org/stories/2022/02/ranked-10-countries-energy-transition-investment, 2022

WEF, 〈Fostering Effective Energy Transition〉, 2024

Bloomberg NEF, 〈Energy Transition Investment Trends 2025〉, 2025

플랜1.5, 〈[기후현안] 2030 CCS 감축 목표 달성 가능성 평가〉, 2025

Bloomberg, 〈CCUS Market Outlook 2023〉, 2023

5장 주주권 강화에서 코리아 프리미엄까지

벤저민 그레이엄 지음, 김수진 옮김, 《현명한 투자자》, 국일증권연구소, 2016

워런 버핏·리처드 코너스 지음, 이건 옮김, 《워런 버핏 바이블》, 에프엔미디어, 2017

이은원 지음, 《워런 버핏처럼 적정주가 구하는 법》, 부크온, 2016

김태한·정현상 지음, 《100대 기업 ESG 담당자가 가장 자주 하는 질문》, 세이코리아, 2022

이상훈, 〈밸류업과 이사 충실의무〉, 주주의 비례적 이익과 밸류업: 이사의 충실의무 상법 개정 토론회, 2024

황현영, 〈주주의 비례적 이익과 밸류업〉, 주주의 비례적 이익과 밸류업: 이사의 충실의무 상법 개정 토론회, 2024

6장 국민연금, 시장의 우군: 퀀텀업의 지속가능한 동력

ACGA & CLSA, 〈CG Watch 2023〉, 2023

James M. Nelson, 〈The "CalPERS Effect" Revisited Again〉, 《Journal of Corporate Finance(vol. 12)》, 2006

Andrew Junkin, 〈Update to the "CalPERS Effect" on Targeted Company Share Prices〉, Wilshire, 2015

이성복, 〈국내 상장기업의 소유구조 현황과 특징〉, 《자본시장연구원 이슈보고서(24-20)》, 2024

Diligent Market Intelligence, 〈Shareholder Activism Annual Review 2025〉, 2025

대한상공회의소, 〈주주행동주의 확대에 따른 기업 영향 조사 결과 보고서〉, 2025

황현영, 〈SC 현황 및 이행력 제고 방안〉, 스튜어드십 코드 발전방향 세미나, 2025

이연임, 〈스튜어드십 코드와 기관투자자의 경영참여에 관한 고찰〉, 금융투자협회, 2023

김혜리·안근배·최영민, 〈국민연금기금의 ESG 평가체계와 운용전략 연구〉, 《국민연금연구원 프로젝트 보고서(2023-06)》, 2023

GPIF, 〈Stewardship Activities Report 2023-2024〉, 2024

7장 트럼프 2.0, 정책 리스크의 귀환과 ESG의 재정렬

Morningstar Sustainalytics, 〈Six Sustainable Investing Trends to Watch in

2025〉, 2024

MSCI, 〈Sustainability and Climate Trends to Watch 2025〉, 2024

송수영·정영일·김명서, 〈EU 옴니버스 패키지 발표: CSRD, CSDDD, EU Taxonomy 주요 개정안 분석〉, 법무법인 세종, 2025

Mario Draghi, 〈The Future of European Competitiveness〉, European Commission, 2024

8장 정책·시장·거버넌스, 이재명 경제의 삼각 프레임

PwC, 〈아시아·태평양 지역 지속가능성 공시 현황 리포트〉, 2025

더불어민주당, 〈제21대 대통령 선거 정책공약집〉, 2025

대한민국 정부, 〈이재명정부 123대 국정과제〉, 2025

서영민 지음, 《삼성전자 시그널》, 한빛비즈, 2025

반도체특별위원회, 〈K-반도체 이대로라면? 이렇게 해야!〉, 한국공학한림원, 2025

9장 코리아 프리미엄을 향해, 다음 사이클의 투자문법

한국회계기준원 지속가능성기준실, 〈한국 지속가능성 공시기준 공개초안 의견 조회 최종 결과 보고〉, 2024

더불어민주당, 〈제21대 대통령 선거 정책공약집〉, 2025

대한민국 정부, 〈이재명정부 123대 국정과제〉, 2025

에필로그: 우리는 왜, 무엇을, 어떻게 바꾸는가

Nicholas Stern, 《The Economics of Climate Change: Stern Review》, Cambridge University Press, 2006

GIC & Schroder, 〈A Framework for Avoided Emissions Analysis: Uncovering Climate Opportunities Not Captured by Conventional Metrics〉, 2021

한국경제신문, "퇴직연금 ETF 톱 5, 美 투자상품이 휩쓸어", https://www.hankyung.com/article/2024112042971, 2024

Aswath Damodaran, 〈ESG Is Beyond Redemption: May It RIP〉, Financial Times, 2023

Stuart Kirk, 〈ESG Must Be Split in Two〉, Financial Times, 2023

넥스트 밸류업
한국 증시 퀀텀업 전략

초판 1쇄 2025년 11월 14일 발행

지은이 신지윤
펴낸이 김현종
기획총괄 배소라 **출판본부장** 안형태
편집 최세정 진용주 황정원 김수진 장진경
디자인 조주희 김연주 **마케팅** 김예리 신잉걸
미디어·경영지원본부 신혜선 이주리 문상철 백범선 박윤수 남궁주철 함동원

펴낸곳 (주)메디치미디어
출판등록 2008년 8월 20일 제300-2008-76호
주소 서울특별시 중구 중림로7길 4
전화 02-735-3308 **팩스** 02-735-3309
이메일 medici@medicimedia.co.kr **홈페이지** medicimedia.co.kr
페이스북 medicimedia **인스타그램** medicimedia
유튜브 medici_media

ⓒ 신지윤, 2025
ISBN 979-11-5706-486-1 (03320)

이 책에 실린 글과 이미지의 무단 전재·복제를 금합니다.
이 책 내용의 전부 또는 일부를 재사용하려면 반드시 출판사의 동의를 받아야 합니다.
파본은 구입처에서 교환해 드립니다.